Marion Schmidt
Thorsten Schmidt

HARZ
Der Reiseführer

Schmidt BUCH

Titelbild: Teufelsmauer bei Neinstedt

Die Deutsche Bibliothek - CIP-Einheitsaufnahme
Schmidt, Marion
Harz : ein Führer durch Deutschlands nördlichstes Mittelgebirge / Marion Schmidt ; Thorsten Schmidt. - 3. Aufl., 11.-15. Tsd. - Wernigerode : Schmidt, 2001
(Touristen-Reihe)
ISBN 3-928977-51-2

Es fotografierte Th. Schmidt, Wernigerode
Fotos S. 40 und 44: U. Schrader, Halberstadt

Die Winde 45; 38855 Wernigerode; Tel.: (0 39 43) 2 32 46, Fax: (0 39 43) 4 50 10
E-Mail: info@schmidt-buch-verlag.de
3. aktualisierte Auflage 2001, 11. - 15. Tsd.
Satz, Gestaltung und Kartografie: Schmidt-Buch-Verlag, Wernigerode
Druck und Weiterverarbeitung: Grafisches Centrum Cuno, Calbe

Internet: www.schmidt-buch-verlag.de

ISBN 3-928977-51-2

Marion Schmidt
Thorsten Schmidt

Harz

Ein Führer durch Deutschlands nördlichstes Mittelgebirge

Schmidt-Buch-Verlag Wernigerode

Einführung

Der Harz lockt mit Vielfalt. Wer hierher kommt, findet eine in weiten Teilen noch gut funktionierende Natur, ausgedehnte Misch- und Nadelwälder mit zahlreichen seltenen oder sogar einmaligen Pflanzen- und Tierarten vor. Selbst alpine spezies kann der Naturkenner entdecken, da hierfür rings um den rauhen Brocken ideale Lebensbedingungen bestehen.

Der Harz ist hervorragend zum Wandern geeignet. Auch Klettersportler kommen an den steilen Felsen, sei es im Okertal (Foto) oder im Bodetal, auf ihre Kosten. Wer sich hier für einen Gebirgsurlaub entschließt, muß aber längst nicht auf Badespaß verzichten, denn es gibt im Harz viele Gewässer und romantische Waldseebäder. Im Ost- und im Westharz entstanden nach dem II. Weltkrieg ausgedehnte Talsperrensysteme.

Der Harz hat aber auch Geschichte gemacht. Hier fanden glänzende Reichstage der deutschen Könige und Kaiser statt, entstanden zahlreiche bedeutende Bauwerke der Romanik und frühen Gotik, von denen einige heute noch zu bewundern sind. Ob in Goslar, Quedlinburg oder Walkenried, in Gernrode, Ilsenburg, Drübeck oder auf der Burg Falkenstein - auf Schritt und Tritt trifft man auf eine bewegte Vergangenheit. Und seit Deutschland wieder vereint ist, tritt auch der Harz, den die Grenze teilte, wieder als ein geschlossener Natur- und Kulturraum auf. Vater Brocken kann frei atmen und sich stolz als Herz des Harzes den ungezählten Besuchern präsentieren. 28 Jahre lang hatte man den höchsten Berg Norddeutschlands von der Außenwelt isoliert und zum Schluß sogar noch eingemauert. Symbolisch fiel diese Mauer am 3. Dezember 1989, als ein Heer von Wanderern die Öffnung des Plateaus erzwang, tatsächlich aber erst im Herbst 1991.

Kaum eine Region hat soviel Sagen und Mythen hervorgebracht wie der Harz. Die oft überwältigenden Naturkulissen in tiefen Schluchten, an reißenden Gebirgsflüssen oder in den unheimlichen Mooren am Brocken sowie die bizarren Tropfsteinhöhlen gaben und geben der Phantasie reichlich Nahrung. Hexen, Teufel, Kobolde und Geister sowie "Wilde Jäger" und "Wilde Männer" sind im Harz allgegenwärtig.

Über viele Jahrhunderte gab der Bergbau im Harz den Ton in der wirtschaftlichen und kulturellen Entwicklung an; prägte die Landschaft entscheidend mit. Zahlreiche Museen und Schaubergwerke veranschaulichen heute eindrucksvoll Geschichte, Tradition und Zeugen des Bergbaus der Region.

Dieser Reiseführer soll dem Leser und Touristen helfen, aus der Fülle an Sehens- und Erlebenswertem zu wählen und soll auf weniger bekannte Attraktionen hinweisen. Eine Auswahl war dabei freilich unumgänglich.

Altenau

Umgeben von Fichtenwäldern erstreckt sich Altenau in fünf Tälern am Fuße des Bruchbergs (928 m).

Um 1540 erfolgten die ersten Bergbauversuche in dieser Gegend. 1567 entstanden drei Gruben, aber der erhoffte Gewinn blieb aus. Anfang des 17. Jahrhunderts hatten die Bergleute mehr Erfolg. Aus den Gruben rings um Altenau holten sie so viele Erze, daß am Nordausgang der Stadt 1610 eine Silberhütte entstand. Bergleute aus anderen Gebieten, vorwiegend aus dem sächsischen Erzgebirge, siedelten in den Harz um. Noch heute spricht man in Altenau sowohl rein niedersächsisch als auch obersächsisch. 1911 endete das Bergbau-Kapitel in der Altenauer Geschichte durch den immer geringer werdenden Silbergehalt der Erze.

St.-Nikolai-Kirche

Die 1670 geweihte Kirche ist ein harztypisch mit Brettern verschalter Fachwerkbau mit barocker Glockenhaube und Laterne. Die dreischiffige Halle besitzt umlaufende Emporen und einen dreiseitigen Chor.

Altenauer Heimatstube

Das kleine Museum informiert über die Geschichte der Bergstadt, von Bergbau und Forstwirtschaft bis hin zur Brauchtumspflege, sowie über das Lebenswerk des Altenauer Malers und Schriftstellers Karl Reinecke.

Freizeit

Freizeitpark auf dem Glockenberg: Hallenwellenbad mit Saunarium, Eissporthalle, beheizte Freibäder;

im Winter Skilifte, Langlaufloipen, Rodelbahnen und geräumte Wanderwege

Bad Grund

Am Westrand des Harzes liegt Bad Grund an den Einmündungen von fünf Tälern. Der Ort mit etwa 3 000 Einwohnern ist staatlich anerkanntes Moorheilbad.

Aus einer kleinen Waldarbeitersiedlung entwickelte sich - wohl auch durch die Nähe zu den großen Handelsstraßen - der zunächst zu Gittelde gehörende Ort. 1506 bekam er eine eigene Kapelle, und 1532 wurde er unabhängig. Zudem erlangten die Bergleute der "im Grunde" liegenden Siedlung die Bergfreiheit. Der Erzbergbau wurde zur Haupteinnahmequelle, denn Erze - vor allem Silber - gab es hier in Mengen. 1628 begannen die Arbeiten in der Grube "Hilfe Gottes", die später im Verbund mit der Grube "Bergwerkswohlfahrt" die moderne Bergwerksanlage "Erzbergwerk Grund" bildete. Ab 1799 sorgte der 19 Kilometer lange Tiefe Georgsstollen für die Entwässerung der Anlage hier sowie um Clausthal-Zellerfeld.

1885 wurde der Abbau mangels Erzvorkommen eingestellt. Bereits 30 Jahre zuvor war mit dem langsam aufblühenden Kurbetrieb eine neue Erwerbsquelle erschlossen worden. Seit 1855 darf sich Bad Grund "Heilbad" nennen.

Iberger Tropfsteinhöhle

Sie entstand in Millionen Jahren durch das den Kalkstein langsam auswaschende Regenwasser. Im 16. Jahrhundert entdeckten Bergleute die märchenhaft von der Natur ausgestalteten Räume. Die schönsten ließ die Kurverwaltung von Bad Grund 1874 sichern. Der Iberg ist zum großen Teil ein Relikt aus dem Devon, einem Zeitalter, in dem das flache Gelände des späteren Harz noch von Meereswellen umspült war. Hier fand man zahlreiche versteinerte Korallen und Schnecken, selbst echte Fossilien.

Uhrenmuseum

Die Sammlung verschiedenster Chronometer, darunter die Schwarzwälder Uhren, wurde 1984 im Kurhaus eröffnet. Das älteste Stück stammt aus dem 15. Jahrhundert.

Bergschau

Das Museum im Knesebeck-Schacht gewährt Einblicke in den Bergbau, wie er bis zur Schließung der Anlage 1992 hier betrieben wurde. Eindrucksvoll sind die beiden gut erhaltenen übertägigen Kunst- und Kehrradstuben, ein 1894 angehauener Suchstollen sowie der 47 m hohe Hydrokompressor.

Bad Harzburg

Bad Harzburg liegt am Ausgang des Radautales und am Fuße des Burgberges (482 m ü. NN), umringt von Laub- und Nadelwäldern. Die Stadt hat den Status eines Heilbades und Heilklimatischen Kurortes.

Um das Jahr 1065 ließ Heinrich IV. auf dem Burgberg die "Hartesburg" errichten, die die Pfalz in Goslar schützen sollte. Jedoch einem Angriff der Sachsen hielt die Feste schon 1074 nicht stand. Kaiser Friedrich I., genannt Rotbart, ließ später wesentliche Teile der Burg wiederaufbauen, Otto IV. vollendete das Werk. Mit seinem Tod 1218 ging der Status der Harzburg als Reichsburg verloren. Nach häufigem Besitzwechsel gehörte die Burg schließlich den Welfen und wurde Amtssitz der Herzöge von Braunschweig-Lüneburg.

Zu Füßen der Burg hatten sich inzwischen Bauern, Waldarbeiter und Köhler angesiedelt, deren kleine Ortschaft 1338 in einer Urkunde als "Neustadt unter der Harzburg" erwähnt wurde. 1569 entdeckte man am Fuße des Burgbergs eine Salzquelle, zu Ehren des regierenden Herzogs "Juliushall" genannt. Sie diente zunächst der Salzgewinnung. Ab 1820 verwendete man auch die Sole zu medizinischen Zwecken; die erste Badestube öffnete.

Harzburg

König Heinrich IV. ließ ein ganzes System von Gipfelburgen im Harz errichten, von denen die Harzburg auf dem Großen Burgberg die bedeutendste und geschichtsträchtigste war. Ein tiefer Quergraben teilt die Anlage: Im Ostteil machten Vorburg, Turm, Palas, Burgmannen-Häuser und Ställe die eigentliche Burg aus, der Westteil diente mit den Stiftsgebäuden der Repräsentation.

Von der einstigen Anlage blieben die Ringmauer, die Außenwälle und -gräben, Teile der salischen Toranlage und der Kernburg, Verteidigungsanlagen auf der Ostburg, der

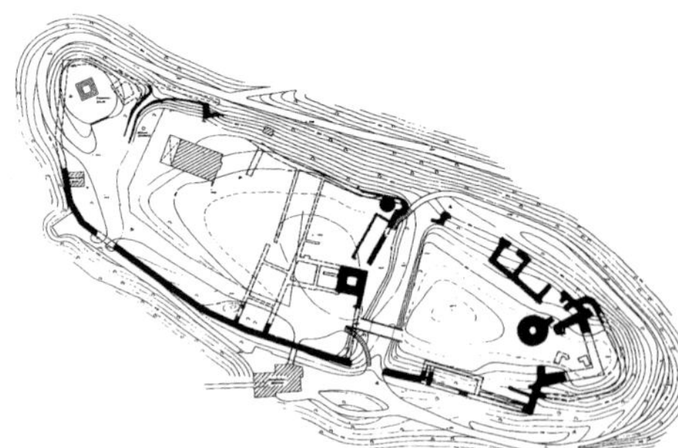

Grundriß der Harzburg

Stumpf eines quadratischen Turms und der Burgbrunnen auf der Westburg erhalten. 1875 wurde in Erinnerung an Bismarcks Worte: “Nach Canossa gehen wir nicht” die 19 m hohe Canossasäule aufgestellt. König Heinrich IV. blieb dieser Gang seinerzeit nicht erspart. In der Nähe der Säule steht der Uhlandstein. Der Dichter Ludwig Uhland weilte 1841 auf dem Burgberg.

Auf den Gipfel fährt die einzige norddeutsche Großkabinenbahn.

Martin-Luther-Kirche

Sie entstand um 1900 im Stil der Neogotik. Besonders auffallend ist der hohe, schlanke Turm. Eine plastische Figurengruppe ziert das Portal. Zur Innenausstattung der dreischiffigen Hallenkirche gehören zwei mittelalterliche Statuen. Die eine zeigt Maria auf der Mondsichel mit dem Jesusknaben, die andere die heilige Anna.

Radau-Wasserfall

Der Radau-Wasserfall - die Betonung liegt übrigens auf dem ersten a - ist linker Hand an der Bundesstraße 4 in Richtung Torfhaus zu finden. Er wurde vor 130 Jahren als Abzweig der Radau künstlich angelegt.

Haus der Natur (Kurpark)

Hier gibt eine Ausstellung von Fachleuten der Landesforstverwaltung Einblicke in die Naturgebilde des Harzes. Exponate wie Tierpräparate und Übersichtskarten, vermitteln populär Wissen über die beiden Nationalparks Harz und Hochharz. Zudem beherbergt das Haus eine Mineraliensammlung.

Schloß Bündheim

Das 1573 von Herzog Julius als Amtssitz erbaute Schloß wurde Ende des 17. Jahrhunderts als schlichter zweigeschossiger Bruchsteinbau neu errichtet. Im Rittersaal finden Konzerte statt. Bei Kennern geschätzt sind die “Harzburger Musiktage”.

Pferdezucht

Das Vollblutgestüt Harzburg ist das älteste Gestüt in Deutschland; erstmals urkundlich 1542. Die Galopprennbahn gilt als die schönste Naturbahn Deutschlands. Alljährlich findet hier die überregional beachtete Galopprennwoche statt.

Freizeit

Die Umgebung der Stadt bietet insgesamt 140 Kilometer ausgeschilderte Wanderwege. Die Kuranlagen entstanden Ende des 19. Jahrhunderts unter Verwendung barocker Stilelemente. Zu den Kureinrichtungen gehören das Badehaus, das Juliusbad und das Haus des Kurgastes. Spielbank, Golfplatz und Krodobad (Freibad) sorgen für Abwechslung.

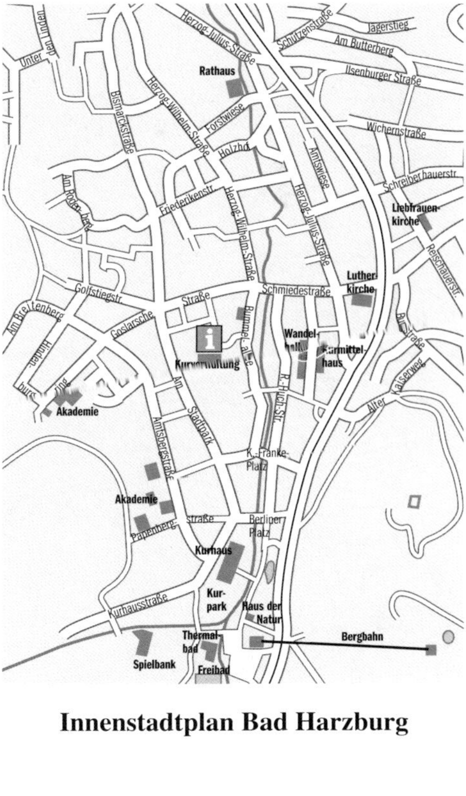

Innenstadtplan Bad Harzburg

Bad Lauterberg

Als staatlich anerkanntes Kneipp-Heilbad und als Schroth-Kurort liegt Bad Lauterberg mit seinen 13 000 Einwohnern in einem windgeschützten Tal der Oder im Südharz. *Eine Urkunde aus dem Jahre 1183 nennt einen Grafen Sigebode "de Lut'berch". Für das Jahr 1460 ist erstmals eindeutig vom Dorf Lutterberge, und 60 Jahre später vom Ort "Lauterbergk" die Rede. Ab 1521 erhielten die Grafen von Honstein Bergfreiheiten. Indes entwickelte sich der Ort Lauterberg sehr schnell; 1705 baute man die Kupferhütte, 1733 die Königshütte.*
Nach dem II. Weltkrieg, der erhebliche Schäden hinterließ, erhielt Bad Lauterberg den Titel "Kneippheilbad" und entwickelte sich schließlich zum führenden Kneippheilbad Norddeutschlands.

Kuranlagen in Bad Lauterberg

Königshütte

1733 begannen die Arbeiten zum Bau der Königshütte an der Stelle der 1623/24 stillgelegten "Süssen Hütte". Die Königshütte fabrizierte Bleche (mit Blechhammer), Draht (vom Drahtseil für den Bergbau bis zur Klaviersaite), Werkzeugstahl und war Zulieferer für die Herstellung von Gewehren. Um 1830 erfolgte ein Neubau der Hütte mit gotischen, antiken und klassizistischen Stilelementen. Im Zentrum des Hofes steht ein prächtiger Doppelschalenbrunnen, eine Kunstgußarbeit der Hütte.

"Aufrichtigkeit" und "Scholmzeche"

Die beiden Stollen haben zusammen eine Länge von 280 Metern. Führungen geben einen Einblick in die Welt unter Tage, wo Bergmannswerkzeug, alte Förderkübel, Grubenwagen u. a. zu sehen sind.

Heimatmuseum

Es informiert über die Bergbaugeschichte des Ortes und zeigt u.a. das erste Drahtseil der Welt.

St.-Andreas-Kirche

Sie entstand 1571 als einschiffiger, schmuckloser Bau aus Stein ohne Turm. 1736 erfolgten der Anbau am Chor für die Sakristei und die Emporenaufgänge, der Einbau der zweiten Empore sowie einer Orgel und der Bau des Glockenturms. Das Innere verzieren farbige Kassetten an Decke und Emporen.

Freizeit

Hallenwellenbad mit Superrutsche und beheiztem Freibad, Tennishallen und -plätze, ein Anglerparadies und ein Waldschwimmbad stehen zur Verfügung.

Bad Sachsa

Bad Sachsa liegt im südwestlichen Harz an den Ausläufern des Ravensberges. Es herrscht ein mildes Reizklima.

Die Geschichte Bad Sachsas geht in die Zeit um 860 zurück, womit der Ort zu den ältesten Siedlungen im Harzgebiet zählt. Er lag zu Füßen der 1074 vernichteten Sachsenburg (Reste vorhanden). Über die Jahrhunderte entwickelte sich der Ort zu einem kleinen, aber nicht unbedeutenden Marktflecken, der um 1525 die Stadtrechte erhielt. Überregional bekannt wurde Sachsa Ende des 19. Jahrhunderts, nachdem 1874 ein reger Kurbetrieb eingesetzt hatte. Seit 1905 trägt Sachsa die Bezeichnung "Bad".

St.-Nikolai-Kirche

Die im Kern romanische Kirche besteht aus einem in der Mitte des 13. Jahrhunderts aufgestockten Westturm und dem um 1300 angebauten Schiff. Der Fachwerkzusatz stammt von 1691. Das Erdgeschoß des Turms ist kreuzgratgewölbt und zum Schiff im Rundbogen geöffnet. Das Innere des Schiffs gestalten doppelstöckige Emporen mit ornamentalen Brüstungen. Die Deckenmalerei stammt von 1725, die Ausstattung größtenteils aus dem Barock.

Märchengrund im Katzental

Kunstmaler Gustav Schaub schuf 1910 die Anlage, die mehrere Märchen in Spielszenen beinahe ununterbrochen bis zum Ende des II. Weltkrieges zeigte. Den erbitterten Kämpfen in der "Festung Harz" fielen sie fast vollständig zum Opfer. Sohn Albert Schaub baute neue, technisch verbesserte Anlagen und eröffnete den Märchengrund 1950 wieder. Heute kann man unter anderem "Rotkäppchen und der Wolf" sowie "Hänsel und Gretel" erleben.

Sehenswert sind außerdem das Rathaus mit Jugendstilsitzungssaal und die St.- Josef-Kirche.

Freizeit- und Kureinrichtungen

Bekannt ist Bad Sachsa aber vor allem als Kurstadt, in der u.a. funktionelle Erkrankungen des Herzens, Kreislaufstörungen, Rheuma, Erschöpfungszustände, Bluthochdruck und Erkrankungen der Atmungsorgane behandelt werden.

Es bestehen Tennisplätze, Kurhaus und Kurpark, Filmtheater, Kegelbahnen u. a. Im Winter stehen mehrere Abfahrten zur Verfügung. Das Skizentrum am Ravensberg hat Übungs-, Slalom- und Abfahrtshänge.

Nikolaikirche in Bad Sachsa

Ballenstedt

Am Nordrand des Unterharzes liegt Ballenstedt 225 m ü. NN, rund 70 Kilometer nordwestlich von Halle. In der Stadt wohnen etwa 10 000 Menschen.

Gegründet wurde die Siedlung vermutlich durch Ritter Ballo, was den Ortsnamen erklären würde: "Stätte des Ballo". Erstmals urkundlich erwähnt wird Ballenstedt im Zusammenhang mit dem Grafen Esiko von Ballenstedt, einem Bruder der Uta (Stifterfigur im Naumburger Dom). Er gründete um 1043 ein Kollegiatstift auf dem heutigen Schloßberg, das Ende des 12. Jahrhunderts zu einem Benediktinerkloster erweitert, 1525 jedoch geplündert und zerstört wurde.

Eine der bedeutendsten Persönlichkeiten Ballenstedts ist Albrecht der Bär (1100-1170), Sohn des Grafen Otto von Ballenstedt. Er gilt als Begründer des Hauses Askanien oder Anhalts und war der erste Markgraf von Brandenburg und der Ostmark (Lausitz). Ihm verdanken viele deutsche Städte ihre Gründung. Albrecht starb 1170 und wurde auf seiner Burg Ballenstedt beigesetzt, wo er noch heute ruhen soll.

Das in der Geschichtsschreibung 1297 erstmals erwähnte "Dorp Ballenstede" erhielt vermutlich 1534 das Stadtrecht. 1765 erhob Fürst Friedrich Albrecht von Anhalt-Bernburg die Stadt zur Residenz, womit eine wirtschaftliche und kulturelle Blütezeit einsetzte. 1863 erlosch die Linie Anhalt-Bernburg mit dem Tod des Herzogs Alexander Carl, und das Land fiel an Anhalt-Dessau.

Schloß Ballenstedt (Foto)

Das dreiflüglig angelegte Barockschloß wurde in der ersten Hälfte des 18. Jahrhunderts auf Resten der ehemaligen Klosteranlage (11. Jahrhundert) errichtet. Die 1938 als Weihestätte gestaltete Nikolai-Kapelle beherbergt das Grab Albrechts des Bären und seiner Gemahlin Sophie.

Von 1863 bis 1918 nutzten die Herzöge von Anhalt-Dessau das Schloß als Sommerresidenz, dann diente es ihnen bis 1945 als Privatwohnsitz. 1949 bis 1990 wurden in den Räumen Ingenieure für Forstwirtschaft ausgebildet.

Besichtigen kann man einen im original erhaltenen Raum mit auf Leinen gemalten römischen Impressionen an den Wänden, Parkettfußboden und Stuckdecke.

Schloß- und Hoftheater

Links neben dem Schloß steht das Schloß- und Hoftheater, das im Harz heute seinesgleichen sucht. Es wurde 1788 errichtet und ist durch drei Achsen mit Blendbögen aus gebrannten Ziegeln gegliedert. Über dem mittleren Bogen hängt eine Laterne, und im

Giebelfenster darüber befindet sich ein durch sechs Strahlen betontes Rundfenster.

Schloßpark

Als 1765 Fürst Friedrich Albert von Anhalt-Bernburg nach Ballenstedt übersiedelte, störte ihn vor allem der kahle Schloßberg. Ein Schloßgarten sollte dies ändern. Der nördliche Teil erhielt 1858 seine endgültige terrassenförmige Gestalt nach Entwürfen von Peter Joseph Lenné. Vier große Wasserbecken, das oberste mit einer Drachenfontäne, bestimmen das Bild der Anlage. Der westliche Teil des Parks ist als Landschaftsgarten mit Teichen, farbenfrohen Blumenbeeten, verschiedenen Plastiken und Gebäuden, wie die Schloßmühle (1785), das Grüne Haus (um 1830) und das neugotische Gelbe Haus gestaltet.

Großer Gasthof

Das ehemalige Gästehaus der Ballenstedter Herzöge, gegenüber vom Museum, wurde 1733 als Jagd- und Zeughaus erbaut, diente später als Studentenwohnheim bzw. Heimatmuseum und stand dann 15 Jahre leer. Die Ruine wurde 1996/97 abgetragen und durch einen am Original von 1765 streng orientierten Neubau (Luxus-Hotel) ersetzt.

Heimatmuseum

Es befindet sich am Goetheplatz in dem 1756 erbauten und 1968 restaurierten, palaisartigen Mansardhaus. Die Ausstellung umfaßt Exponate von der Burg Anhalt, volkskundliche Sammlungen und eine Ausstellung über den Maler Wilhelm von Kügelgen.

Roseburg (Foto)

Nordwestlich von Ballenstedt an der Straße in Richtung Thale/Quedlinburg, erhebt sich rechter Hand mit der Roseburg eine neuromantische Anlage. An der Stelle der mittelalterlichen Rudolfsburg entstand nach 1905 dieser extravagante Wohnsitz unter Leitung des Berliner Architekten Bernhard Sehring. Eine 1600 Meter lange Steinmauer umgibt den Palas, das Torhaus und den Wachturm mit aufsteigendem Wehrdach sowie das später erbaute Mausoleum mit Turm, das mit alten Kapitellen verzierte barocke Wasserspiel und die Amor-Allee. Aus vielen Ländern wurden Kunstwerke zusammengetragen, die hier noch heute zu sehen sind. Den Park gestalten Vogelvolieren, Skulpturen aus Marmor und Stein, Putten, Brücken, Brunnen und Wasserspiele.

Freizeit

Ballenstedt ist idealer Ausgangspunkt für Wanderungen durchs Selketal und zur Burg Falkenstein. In der Umgebung befinden sich mehrere idyllisch gelegene Waldbäder. Vom Flugplatz Ballenstedt kann man Rundflüge über den Harz und direkt zum Brocken starten.

Blankenburg

Blankenburg hat etwa 20 000 Einwohner und liegt, vor rauhen Nordwestwinden gut geschützt, am Nordrand des Harzes.
Der Ort erhielt seinen Namen von der Burg, die an der Stelle des Schlosses stand und erstmals 1123 erwähnt wurde. Zehn Jahre später taucht in der Geschichtsschreibung Graf Poppo von Blankenburg auf. Dieses Geschlecht starb 1599 mit dem Tod des vierjährigen Johann Ernst aus, wodurch die Stadt an das Herzogtum Braunschweig-Wolfenbüttel fiel. 1690 verlegte Herzog Ludwig Rudolph seine Residenz hierher.
Blankenburg ist bekannt für seine "klug eingefädelten Hochzeiten". So schloß beispielsweise die Blankenburger Prinzessin Elisabeth Christine 1708 in Barcelona den Bund der Ehe mit dem späteren Spanien-König Carl III. Ebenfalls aus Blankenburg stammt Charlotte Christine Sophie, die 1711 Zarewitsch Alexej, Sohn Zar Peter des Großen, heiratete.

Rathaus

Bereits 1233 soll der erste Rathausbau entstanden sein, was aus einem in der Turmkuppel entdeckten Schreiben hervorgeht. Das heutige, ebenfalls mittelalterlich anmutende Gebäude ist im Stil der Renaissance

Kleines Schloß Blankenburg vom barocken Terrassengarten aus

Links: Westbau der ehemaligen Klosterkirche und Schloß Ballenstedt

errichtet und stammt aus der zweiten Hälfte des 16. Jahrhunderts. Am Treppenturm rechts an der Fassadenfront prangen die Wappen der Blankenburger Grafen und der Braunschweiger Herzöge (Foto).

St.-Bartholomäus-Kirche

Zu ihr führt eine steile Treppe rechts neben dem Rathaus. Als Klosterkirche entstand Anfang des 13. Jahrhunderts eine romanische Basilika. Ein Jahrhundert später baute man sie gotisch zu einer dreischiffigen Hallenkirche um. Das hölzerne Gewölbe wurde 1586 eingezogen. Zur Ausstattung gehören mehrere Stifterfiguren (um 1350), aus Rübeland-Marmor gefertigte Grabplatten verschiedener Blankenburger und Regensteiner Grafen sowie eine Renaissance-Kanzel und ein Barock-Taufstein.

Großes Schloß

Die Reste der ehemaligen Burganlage dienten einem Renaissance- und später einem Barockneubau als Grundlage. Teile der alten Burg sind noch heute sichtbar. Das Schloß in seiner jetzigen Form stammt aus den Jahren 1705 bis 1718. Zu den besonderen Räumen gehören der Ahnensaal mit mehreren großformatigen Gemälden und der Theatersaal, in dem die berühmte "Neuberin" mit ihrer Truppe auftrat und Schauspiel mit auswendig gelernten Texten bot. Das Große Schloß beherbergt außerdem noch eine Kirche und eine Bibliothek. 1996 wurde die Anlage verkauft. Sie sollte als Teil des gigantischen touristischen Projektes "Planet Harz" zu einem Fünf-Sterne-Golf-Hotel umgebaut werden. Im Frühjahr 1999 zog die Landesregierung in Magdeburg die einst zugesagten Förderungen wegen ungesicherter Gesamtfinanzierung zurück. Das Schloß blieb hingegen in Privatbesitz des ehemaligen Planet-Harz-Investors. Über weitere Pläne zur Sanierung und Nutzung des inzwischen arg mitgenommenen Bauwerks wurde bisher nichts bekannt.

Kleines Schloß

1725 findet es als Fürstliches Gartenhaus in Fachwerk Erwähnung. Ab 1765 erhielt das Haus neue Außenwände aus Sandsteinquadern. Heute befindet sich in den Räumen ein Museum, das u. a. über die Baugeschichte der Blankenburger Schlösser, über das Hofleben und über die Stadtgeschichte informiert. Ein barocker Terrassengarten erstreckt sich in Richtung Großes Schloß. Auf vier Ebenen angelegt, gestalten drei verzierte Springbrunnen, zahlreiche Sandsteinvasen und -skulpturen, eine Neptungrotte sowie eine Kopie des Braunschweiger Löwen die Anlage.

Kloster Michaelstein/Volkmarskeller

Vor den Toren Blankenburgs in Richtung Heimburg liegt das Kloster Michaelstein, das 1147 die Quedlinburger Äbtissin Beatrix II. gründete. Zunächst benediktinischen Regeln folgend, sind für 1152 erstmals Aktivitäten der Zisterzienser bekannt. Daß zwischen dem Kloster und der 3,5 km entfernten Anlage Volkmarskeller ein Zusammenhang besteht, läßt sich nur vermuten. Diese in zwei Räume geteilte Kalksteinfels-Höhle soll um 950 als Kirche gedient haben.

Das Kloster Michaelstein blieb, abgesehen von Kreuzgang und Kapelle, romanisch erhalten. Sowohl im Refektorium (heute Konzertsaal) als auch im Kapitelsaal fallen die ungewöhnlich reichverzierten Kapitelle der Säulen auf. Beide Räume besitzen Kreuzgewölbe. Auf der Südseite des Refektoriums liegt der Klostergarten mit über hundert im Mittelalter arzneilich verwendeten Kräutern.

Burgruine Regenstein

Sie erhebt sich auf einem 296 Meter hohen Sandsteinfelsen nördlich von Blankenburg. Urkundlich erwähnt wurde die Feste erstmals 1162 in Verbindung mit einem comes Conradus de Regenstein. Doch Ausgrabungen ergaben, das die gemauerte mittelalterliche Burg schon um 1100 bestanden hat. Um 1500 verließen die Regensteiner ihren Stammsitz und zogen auf die Blankenburg. Damit begann der schnell fortschreitende Verfall der Burg Regenstein. 1599 starb das Grafengeschlecht aus.1662 besetzten brandenburgisch-preußische Truppen die Burg, die dann der Brandenburger Kurfürst 1670 zur Festung ausbauen ließ. 1758 wurde die Anlage zerstört. Die ältesten Teile der Ruine sind von Menschen in den Fels gehauene Höhlen mit rundbogigen Fensteröffnungen und Portalen. Von der mittelalterlichen Burg kündet der Stumpf des Bergfrieds.

Braunlage

Am Fuße des Wurmbergs liegt der staatlich anerkannte heilklimatische Kurort Braunlage. Der Ort und die Umgebung gelten in den Wintermonaten als schneesicher.

Bereits um 1200 gab es hier eine Ansiedlung um ein Hüttenwerk, in dem jahrhundertelang Eisenerze geschmolzen wurden. Im Regenstein'schen Güterverzeichnis von 1253/60 verweist eine "Holtmarke to deme Brunenlo" vermutlich darauf, daß hier viel Holz für den Bergbau geschlagen wurde. 1561 kam der Bergbau in Braunlage wieder in Gang, als der gräfliche Rat Hyronimus Pathe das Hüttenwerk auf eigene Kosten wieder aufbauen ließ. Gegen Ende des 18. Jahrhunderts wurde mangels Eisenerzvorkommen der Abbau eingestellt und 1796 das Hüttenwerk stillgelegt.

Seit 1882, mit Eröffnung der ersten medizinischen Badeanstalt, entwickelte sich Braunlage zu einem überregional bekannten Kurort. 1883 begann Braunlages Ära als Wintersportzentrum, und 1892 gründete sich der erste Skiklub Deutschlands.

Wurmberg

Mit 971 Metern ist der Wurmberg die höchste Erhebung des Westharzes; die Plattform des Turmes liegt sogar 1000 m ü.NN. Bisherige Vermutungen, der Wurmberg sei bereits in der Bronzezeit eine Kultstätte gewesen, konnten jüngste Ausgrabungen 1999/2000 nicht bestätigen. Die Reste der sogenannten Heidentreppe zwischen Wurmberggaststätte und Seilbahnstation sind jünger. Die 2000/2001 umfassend modernisierte Seilbahn legt vom Tal zum Gipfel 2,8 km zurück. Die Gondeln überwinden einen Höhenunterschied von 400 m.

Freizeit

Braunlage hat fünf Frei- und zwei Hallentennisplätze, ein Eisstadion mit Überdachung und eine Reithalle. Im Winter stehen gespurte Loipen sowie mehrere alpine Pisten und Skilifte zur Verfügung.

Brocken

Das Brockenplateau im Sommer 2001

Der Brocken ist Norddeutschlands höchste Erhebung. Bis Anfang 1996 reckte sich der Berg laut Lehrbüchern 1142 Meter über den Meeresspiegel, was auf eine Messung von 1849 mit aufragendem Steinpfeiler als Meßpunkt zurückgeht. Dieser Pfeiler ist längst verschwunden und der Berg nach aktueller Messung nur noch 1140,7 m hoch. Die Nationalparkverwaltung Hochharz löste das Problem: Auf dem nach Abzug der GUS-Truppen wieder zugänglichen höchsten Punkt des Brockens wurde eine Felsgruppe aufgestellt, die den Berg auf die gewohnte Höhe „hob“. Der größte Stein trägt die Inschrift „Brocken 1142 m“. Kreisförmig um den Stein in den Boden eingelassene Bronzetafeln geben Richtungen und Entfernungen zu markanten nahen und fernen Bergen und Städten ringsherum an. Diese sogenannte „Brockenuhr“ wurde am 3. Oktober 1997 feierlich eingeweiht.

Der Brocken ist auch Norddeutschlands berühmteste Erhebung, denn seit Jahrhunderten zieht er Menschen von nah und fern in seinen Bann. Schuld daran sind nicht zuletzt die Hexen, die vornehmlich in der Walpurgisnacht zum 1. Mai auf Besen, Hunden, Ziegenböcken und allerlei anderem Getier durch die Luft zum Blocksberg reiten, um dort oben dem Leibhaftigen obszön zu huldigen und ausgelassen ihren Sabbat zu feiern. Selbst Altmeister Goethe ließ sich von diesem Stoff u.a. für seinen Faust inspirieren, jedoch nicht ohne selbst insgesamt dreimal den rauhklimatischen Berg bestiegen zu haben. Zu den prominenten Brockenwanderern zählen auch Heinrich Heine, Hans Christian Andersen, Zar Peter der Große, Westfalen-König Jerômé Bonaparte, Magdeburgs Bürgermeister und berühmter Physiker Otto von Guericke, Reichskanzler Otto von Bismarck und Heide-Dichter Hermann Löns.

Heute präsentiert sich der legendäre Blocksberg als ein Berg zwischen Natur und Technik. Man findet drei Vegetationszonen vor: Dichte Fichten- und Buchenwälder am Eingang zum Nationalpark, die natürliche Baumgrenze in etwa 1000 m und subalpine Mattenvegetation auf dem Gipfel. Das Klima bestimmen rauhe Winde, niedrigere Temperaturen als im Tal, kurze Sommer und an ca. 300 Tagen im Jahr Nebel.

Das erste Brockenhaus, das "Wolkenhäuschen" von 1736 ist erhalten geblieben. Als das Holz durch den großen Bedarf im Bergbau und Hüttenwesen immer knapper wurde, ließ Graf Christian-Ernst zu Stolberg-Wernigerode in den Mooren des Brockengebietes versuchsweise Torf stechen, um diesen als Ersatzbrennstoff zu verwenden. Neben nachweislich fünf großen Torfwerken rings um den Brocken entstand auf der Heinrichshöhe auch die Arbeiterunterkunft, das erste indirekte „Brockengasthaus", da auch Wanderer zur Übernachtung aufgenommen und bewirtet wurden. Direkt auf den Brocken, gleich neben das "Wolkenhäuschen", ließ Graf Christian Friedrich um 1800 einen Neubau setzen mit Aussichtsturm und zunächst neun Gästezimmern. Doch das rauhe Klima und mehrere Feuer sorgten dafür, daß auf dem Brocken noch öfter gebaut werden mußte. Der große Hotelbau mit zum Schluß 80 Zimmern sank beim Bombardement 1945 in Schutt und Asche.

Mit einem mobilen Sender gelang vom Brocken aus 1935 die erste öffentliche Fernsehbildübertragung. Ein Jahr später entstand ein 52 m hoher Turm mit 16 Stockwerken: der "Fernsehsender Brocken". Als zum Ende des II. Weltkrieges der Harz zur Festung erklärt wurde, hinterließen Bomben ein Bild der Verwüstung; lediglich der Fernsehsender blieb bewußt verschont. Bis April 1947 hielten die Amerikaner den Brocken besetzt. Ein Jahr später verkürzte man den Turm um sechs Etagen. Die Deutsche Post der DDR übernahm 1950 den Sender. Die bis heute alles überragende Metallkonstruktion-Antenne entstand 1973 ursprünglich für das zweite Programm des DDR-Fernsehens. Seit Januar 1992 werden hier die Programme vom Zweiten Deutschen Fernsehen (ZDF) ausgestrahlt.

Nach dem Berliner Mauerbau 1961 vereinnahmten die Grenztruppen, die Sowjetarmee und das Ministerium für Staatssicherheit der DDR den Brocken. 1985 ließen sie sich eine massive Mauer um den unteren Rand des Plateaus ziehen. Seit 3. Dezember

Bebauung des Brockenplateaus

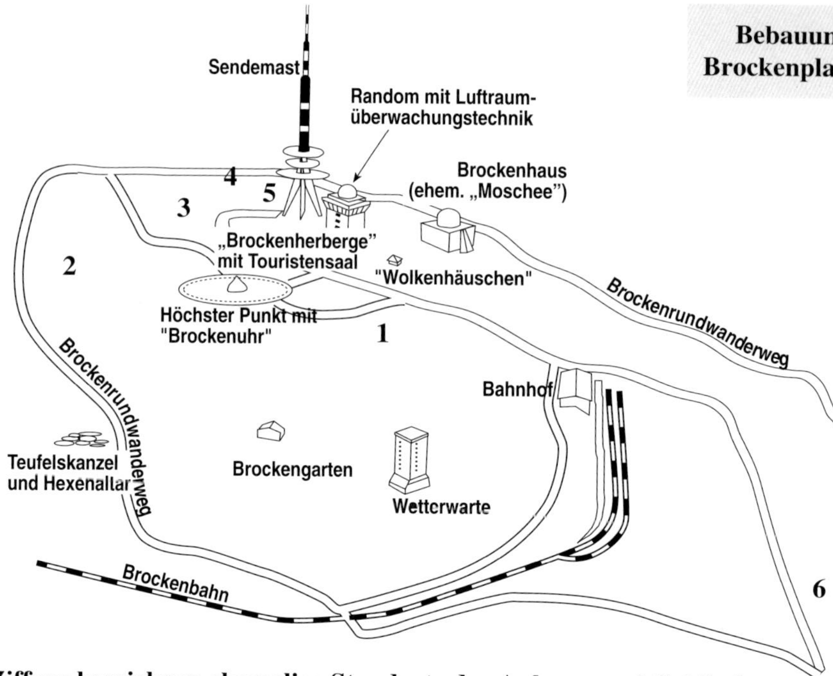

Die Ziffern bezeichnen ehemalige Standorte der Anlagen und Gebäude, die nach 1990 abgebaut worden sind:

1 Antennengittermast für Richtfunktelefonspionage der DDR
2 Kunststoffkuppeln für LKW mit Richtfunktechnik der Sowjetarmee
3 Antennenhäuser des Ministeriums für Staatssicherheit der DDR (MfS)
4 Grenzbeobachtungsturm
5 Antennenkuppel des MfS (später provisorisches Brockenmuseum)
6 Funkstation für SED-internes Telefonnetz ("Pfeffiturm")

1989 kann jeder das Brockenplateau wieder ungehindert betreten. Die Mauer ist verschwunden, der ursprünglich 1890 eröffnete alpine Brockengarten von ost- und westdeutschen Wissenschaftler gemeinsam zu neuem Leben erweckt. Im Gebäude des Brokkenbahnhofs befindet sich eine Gaststätte. 1994/95 errichtete die Telekom ein neues Sendegebäude für ihre Technik. Der freigewordene alte Fernsehsender wurde zur Brokkenherberge mit Turmcafé und Aussichtsetage umgebaut. Im November 1999 konnte Brockenwirt Steinhoff die ersten Übernachtungsgäste willkommen heißen.

In der "Moschee", ein 1985 von der Staatssicherheit errichteter Betonklotz mit Antennenkuppel, eröffnete im Jahr 2000 das Brokkenhaus mit Schau- und Vortragsräumen. Neben Wissenswertem zu Geschichte, Mystik und Natur des Brockens vermittelt das moderne Museum auch die Geschichte und Philosophie des Nationalparks Hochharz.

Clausthal-Zellerfeld

In der Universitätsstadt Clausthal-Zellerfeld leben etwa 16 000 Menschen. Der heilklimatische Kurort liegt zwischen 535 und 600 m ü. NN.

Clausthal-Zellerfeld ging 1924 aus der Vereinigung der beiden Freien Bergstädte Clausthal und Zellerfeld hervor. Zellerfelds Ursprung liegt in dem etwa 1150 von Benediktinern gegründeten Kloster Cella St. Matthaei. Der gleichsam beginnende Bergbau kam Mitte des 14. Jahrhunderts zum Erliegen. Erst 1530 nahmen die Bergleute die Arbeit mit moderneren Geräten wieder auf. Zwei Jahre später erhielt der Ort die Bergfreiheit. Dieses Privileg wurde 1554 auch Clausthal zuteil, dessen Name vermutlich auf die Klause eines Einsiedlers, der hier im 10. Jahrhundert gelebt haben soll, zurückgeht. Mehrere große Brände in Clausthal und ein verheerender 1672 in Zellerfeld hinterließen Bilder der Verwüstung. Im Jahre 1775 schlug die Geburtsstunde der Bergakademie in Clausthal, der Vorgängerin der heutigen Technischen Universität. Der Erzbergbau selbst wurde 1930 eingestellt.

Marktkirche zum Heiligen Geist

Die in Fachwerk errichtete und mit Bohlen verkleidete Marktkirche ist die größte Holzkirche in Deutschland. Sie mißt eine Länge von 45 Metern und eine Breite von 22,5 Metern und hat 2200 Sitzplätze. Der bemerkenswerte Sakralbau, dessen Vorgänger niedergebrannt war, erhielt 1642 die Weihe. Ende des 17. Jahrhunderts erweiterte man die Kirche nach Osten. Der untersetzte Westturm trägt eine achteckige Welsche Laternenhaube, eine weitere sitzt als Dachreiter auf dem First des Langhauses. Im Inneren überspannt eine flache Holztonne den rechteckigen Emporensaal. Zur sehr guten Ausstattung gehören der zweistöckige, frühbarocke Altar, die Orgelempore (1642) mit Orgelprospekt (1758) und die Kanzel (1642).

Oberharzer Bergwerksmuseum

Es ist eines der bedeutendsten Technik-Museen Deutschlands. Auf dem großen Freigelände stehen mehrere originale Grubenanlagen. Unter sachkundiger Führung kann man in das historische Schaubergwerk einfahren und am Originalschauplatz einen 250 Meter langen Stollen besichtigen. In etwa 20 Räumen des Hauptgebäudes sind Modelle, originale Grubenlampen, Münzen, Kleidungs- und Möbelstücke, die mit der Geschichte des Bergbaus im Harz in Verbindung stehen, ausgestellt. Zu den Außenstationen des Museums gehören der Ottiliae-Schacht und der Schacht Kaiser Wilhelm II.

Vor dem Museum erklingt täglich um 9.10, 12.10, 15.10 und 17.35 Uhr ein **Glockenspiel**. Beim Ton der Glocken bewegt sich eine senkrecht verlaufende "Fahrkunst" mit zwei geschnitzten Bergleuten.

St. Salvatoriskirche

Das Gotteshaus befindet sich im Stadtteil Zellerfeld und wurde zwischen 1674 und 1683 nach Entwürfen von E. H. Ernst (Wolfenbüttel) ursprünglich als Saal mit Querhaus errichtet. C. W. Hase baute es zur neugotischen dreischiffigen Hallenkirche um (1863/64). Zur Innenausstattung gehört seit Anfang 1997 ein wertvoller Flügelaltar des Leipziger Malers Werner Tübke, ein Triptychon mit Szenen aus dem Leben Christi in spätmittelalterlicher Malweise. Bedeutend ist auch der prachtvoll geschnitzte Orgelprospekt von Arp Schnitger (1702) und der Kronleuchter aus Messing (1705).

Marktkirche "Zum Heiligen Geist" in Clausthal-Zellerfeld

Mineralogische Sammlungen
Die Sammlungen der Technischen Universität gehören mit ca. 120 000 Stücken zu den wichtigsten geowissenschaftlichen Sammlungen in Deutschland. Verschiedene Ausstellungen im Uni-Hauptgebäude zeigen einen Teil davon: die Mineraliensammlung, die Harzsammlung, die Petrografische Sammlung und die Lagerstättensammlung.

Dietzelhaus
Das dreigeschossige Haus in der Bergstraße 31 wurde 1673 erbaut und diente dem Markscheider Daniel Flach. Die Stuckdecken im Inneren zeigen bergmännische, mythologische und religiöse Darstellungen. Das Gebäude beherbergt eine **Klöppelschule**, in der man während des Urlaubs das Handwerk erlernen kann. Im **Kunsthandwerkerhof** arbeiten Glasbläser, Goldschmiede, Töpfer und Seidenmaler.

Bergapotheke
Das mit 66 ausdrucksstarken Masken verzierte, allerdings wenig farbenfrohe Haus in der Bornhardtstraße trägt im Volksmund den Namen "Fratzenhaus". Das doppelstökkige Giebelhaus wurde 1674 errichtet.

Freizeit
Clausthal-Zellerfeld bietet Konzert- und Theatergastspiele. Hallenbad, Reitsportanlage und Skirollerbahn laden zu Sport und Spiel ein. Im Winter ergänzt ein ausgedehntes Langlaufloipen-Netz das Angebot.

Drübeck

Drübeck ist eine kleine an der B 6 zwischen Wernigerode und Ilsenburg gelegene Ortschaft ohne Industrie.

Der Ort entstand im 10. Jahrhundert im Schatten des hier gegründeten Nonnenklosters. Die Siedlung dri beke, was vielleicht von "drei Bäche" herrührt, bildete über Jahrhunderte eine Einheit mit dem Kloster. Der gesamte Flecken war durch Wälle, Palisaden, zwei Bergfriede und fünf Tore gegen Eindringlinge gesichert.

Klosterkirche St. Viti
Das Alter des Benediktinerinnenklosters St. Viti (auch St. Veit) ist bei Fachleuten umstritten. Vermutlich erfolgte um 960 die Gründung. Ab 1058 gehörte das Kloster zum Halberstädter Bistum. Zwischen 1108 und 1110 setzte Bischof Reinhard eine Reform durch, die Drübeck zum Vorzeigestück klösterlicher Disziplin werden ließ, was aufwendige Umbauten der Klosterkir-

Langhaus der Klosterkirche Drübeck

che nach sich zog. Dadurch vereint die ursprünglich dreischiffige und zweichörige Basilika zwei große Bauabschnitte: Entstehung der Ostteile und des Langhauses in Bruchstein (10./11. Jahrhundert) und Errichtung des Westbaus in fugendichter Quaderbauweise (12. Jahrhundert).
Das Langhaus zeigt sich äußerlich ohne Schmuck und Gliederung, innen flachgedeckt und mit dreifachem Stützenwechsel, betont durch hohe Überfangbögen. Vor allem durch den Brand 1599 verursacht, fehlen heute Querschiffarm und Seitenschiff an der Nordseite.
Die ursprünglich fünfschiffige Krypta beschränkt sich jetzt auf zweieinhalb Joche, die Südseite ist verschüttet. Zur teils ungewöhnlichen Ornamentik gehört ein Pferd mit Rankenschweif auf einem Kapitell.
Im Ergebnis der zweiten großen Bauphase entstand eine aufwendig dekorierte Gewölbebasilika. Anstelle des alten unbekannten Westabschlusses erhob sich nun ein hochromanischer Westbau mit Apsis, der bis heute seine Grundform bewahrt.
Während der jüngsten Restaurierung 1992 senkte man den Fußboden auf Originalniveau (das um 1700 eingestürzte Gewölbe hatte als Schutt den Fußboden erhöht), erneuerte die Flachdecke, mauerte die Zwischenarkaden und in vereinfachter Form auch das südliche Seitenschiff neu auf.
Im Querhausarm steht ein spätromanischer Taufstein aus Kalkstein.

Elbingerode

Die alte Bergbaustadt mit fast 4400 Einwohnern liegt 450 bis 480 m ü. NN auf einer Hochfläche am Fuße des Brockenmassivs.
"Alvelingerot" taucht erstmals 1206 urkundlich auf, da aber schon mit drei Kirchen, Markt und Münze und zum Stift Gandersheim gehörend. 1208 wurde die kaiserliche Jagdpfalz Bodfeld, wo 1056 Kaiser Heinrich III. gestorben war, dem Ort angegliedert. 1564 wird Elbingerode erstmals urkundlich als Stadt bezeichnet. Forstwirtschaft, Bergbau und Hüttenindustrie waren bis ins 19. Jahrhundert hinein die Haupterwerbszweige der Bevölkerung. Der Eisenerzbergbau wurde erst 1970 eingestellt.
Schaubergwerk Büchenberg
Mit einem "Glück auf!" werden seit 1989 die Besucher zu den 90minütigen Führungen begrüßt, bevor es dann 145 Stufen abwärts ins Innere des ehemaligen Eisenbergwerks geht. Der ca. 600 m lange Rundweg führt u. a. in einen Eisenerzabbau mit typischen Fördergeräten und -einrichtungen. Die bis zuletzt genutzten Grubenräume vermitteln anschaulich Lagerstättengeologie.
Besucherbergwerk "Drei Kronen & Ehrt"
Erst 1990 wurde die Produktion in der Schwefelkiesgrube eingestellt; anschließend das Besucherbergwerk eingerichtet. Eine originale Grubenbahn fährt etwa 400 m zu den Schauobjekten unter Tage, vorbei an Förderschacht, Strecken mit Überhauen und Erzsammelrollen sowie Erzabbauen. Gezeigt und vorgeführt werden die bis zuletzt eingesetzten Bergbaumaschinen und -geräte.
Zu den sehenswerten Gebäuden der Stadt gehören die denkmalgeschützte **Ratsapotheke**, das alte **Brauhaus** (1771/79) und die im gotischen Stil errichtete evangelische **Stadtkirche**.

Falkenstein (Burg)

Die Burg Falkenstein liegt etwa acht Kilometer von Ballenstedt entfernt zwischen Meisdorf und Pansfelde. Etwa auf der Hälfte der Strecke befindet sich rechts ein Parkplatz, von dem man aus durchs Selketal zur Burg wandern kann (letztes Stück sehr steiler Aufstieg!). Fährt man die Straße in Richtung Pansfelde weiter, kann man auch am Gartenhaus parken und von dort den kürzeren Fußweg wählen. Von hier fahren außerdem Pferdekutschen zur Burg.

Mit der Burg Falkenstein erhebt sich über dem Selketal auf einer 134 Meter hohen Bergkuppe eine der eindrucksvollsten und besterhaltenen Harz-Burgen. Die Entstehungsgeschichte dieser relativ kleinen Höhenburg geht bis in die Zeit um 1120 zurück. Burchard von Konradsburg ließ damals die Burg als neue Residenz seines Geschlechts errichten; 1155 tauchen die Falkensteiner erstmals als Grafen in der Geschichte auf. Zu den wichtigsten Wehranlagen dieser Burg gehörten die 17 Meter hohe und fast vier Meter starke Schildmauer, die zwei Schießscharten und einen hervorkragenden Wehrgang besaß, sowie die sich anschließende Ringmauer und der möglicherweise als Zufluchtsstätte benutzte Bergfried. Die Burg teilt sich in die Kernburg (Osten) und in die als Wirtschaftshof fungierende Vorburg (Westen). Ein breiter, in sich quergeteilter Bereich, bestehend aus einem ursprünglichen Graben, dem Abschnittszwinger und dem Mittelhof, verbindet Kern- und Vorburg miteinander.

Im 12. Jahrhundert standen die Gebäude der **Kernburg** einzeln an der inneren Ringmauer. Das repräsentativste von ihnen war der zweigeschossige **Palas**. In der Südwestecke dieses Burghofes steht die **Dirnitz**, ein rechteckiger, dreigeschossiger Wohnturm. Die an die südliche Ringmauer gelehnte ehemalige spätgotische **Küche** - ein kleiner Rechteckbau aus wuchtigen Rundbögen mit Füllmauern - wurde jüngst wieder funktionsfähig hergestellt. Auf dem Hof befindet sich eine 20 Meter tiefe Zisterne, die von einem Holzhäuschen des 19. Jahrhunderts überdeckt wird.

Zwischen 1220 und 1235 entstand mit dem **"Sachsenspiegel"** das bedeutendste deutsche Gesetzbuch des Mittelalters. Graf Hoyer von Falkenstein veranlaßte den Verfasser Eike von Repkow, wohl seine eigene lateinische Fassung in das Niederdeutsche zu übertragen. Eine Ausstellung auf der Burg Falkenstein informiert über das Werk. Graf Hoyer ließ zudem die Anlage zwischen 1220 und 1250 frühgotisch verändern. Der Palas wurde erweitert, die Burgkapelle erhielt ihr frühgotisches Kreuzgratgewölbe. Das Sperrsystem von insgesamt sieben Toren und umlaufenden Zwingern machte die Burg zu einer außerordentlich starken Wehranlage. 1334 erlosch das Grafengeschlecht von Falkenstein. 1437 erwarben die Herren von der Asseburg die Anlage, die sie zu größerer Wohnlichkeit umbauen ließen. 1491 entstand als reiner Fachwerkbau das **Wirtschaftsgebäude** mit der Burgküche im Erdgeschoß. In der zweiten Hälfte des 16. Jahrhunderts wurde der Westflügel der Kernburg umgebaut (jetzige **Kemenate**). 1575 übernahm August I. von der Asseburg die Herrschaft. Seine Vorstellungen von einem vor allem repräsentativen Bau verdankt die Burg Falkenstein letztlich ihre heutige Gestalt. An der Nordmauer entstand das Amts-

Mächtig erhebt sich die Burg Falkenstein im Selketal

Rechts: Westbau der Stiftskirche St. Cyriakus in Gernrode

haus mit Amtsstube, Gesindekammer und Kornboden. Rittersaal und Dirnitz erhielten je zwei Zwerchhäuser, die Dirnitz zudem profilierte Renaissance-Fenster und zwei Aborterker am Westgiebel. Der Schiefe Saal, die Stirnwände des Rittersaales und die Dirnitz wurden mit **Stukkaturen** verziert, die zu den frühesten und besten Stukkaturen Mitteldeutschlands gehören.

1592 ließ August I. den Bergfried um zehn Meter erhöhen. Zwei Jahre darauf stiftete er die vollkommen aus Holz gefertigte Ausstattung der **Burgkapelle**. 1676 ersetzte man die im 16. Jahrhundert an den Palas angebaute Alte Hofstube durch einen Fachwerkneubau. Knapp 100 Jahre später übernahm Achaz Ferdinand von der Asseburg die Regierungsgeschäfte von Falkenstein. Er befahl, alle unnütz und baufällig gewordenen Gebäude der Burg Falkenstein abzureißen, die Wirtschaftsbauten der Vorburg und des Mittelhofes, das Amtshaus, die Wehrgänge auf den Mauern und auf dem Bergfried sowie fast alle Zwerchhäuser.

Ab 1826 erfolgten die Umbauten zur Sommer- und Jagdresidenz. Der Rittersaal und die Räume im Obergeschoß des Palas wurden von Friedrich August Stüler neogotisch gestaltet. Das Erdgeschoß nahm eine höchstem Besuch vorbehaltene, dreiräumige Suite ("Königszimmer") auf, die 1999 rekonstruiert wurde. Das dritte Burgtor erhielt einen zweigeschossigen Oberbau mit weiteren Zimmern und einem Jagdsaal (heute Gaststätte).

Bereits 1946 öffnete das Museum in der Burg mit der aus mehreren Jahrhunderten stammenden Sammlung von Gemälden, Möbeln, Porzellan, Zinn, Waffen und ähnlichem.

Gernrode

Die 4 200 Einwohner zählende Kleinstadt liegt in 250 Meter Höhe am Nordrand des Harzes. Geschützt vom Rambergmassiv erstreckt sich der Ort über mehrere kleine Hügel zwischen Harzgerode und Quedlinburg sowie zwischen Thale und Ballenstedt.

Schon im 13. Jahrhundert wurde im Gebiet des heutigen Ortes Gernrode Bergbau betrieben. Begann man zunächst mit dem Abbau von Blei, folgte später auch die Gewinnung von Kobalt, Silber, Kupfer und sogar Gold.

Der Name der Stadt, ursprünglich Geronisroth (Rodung des Gero) läßt sich mit dem Markgrafen Gero in Verbindung setzen. Zur Stadt wurde der Ort Mitte des 16. Jahrhunderts erklärt und kam vor allem durch Bergbau und Waldarbeit wirtschaftlich in Schwung. In der Mitte des 17. Jahrhunderts sollen hier Bergleute in über 30 Gruben gearbeitet haben.

Stiftskirche St. Cyriakus

Markgraf Gero gründete 961 auf dem Gelände seiner nach ihm benannten Burg Geronisroth ein freies weltliches Damenstift, das 963 nach dem Namen des Hl. Cyriakus benannt wurde. Schon wenige Jahre später erhielt es die Reichsunmittelbarkeit und zählte neben Quedlinburg und Gandersheim zu den vornehmsten Stiften im Reich. 965 wurde Gero in der noch im Bau befindlichen Klosterkirche (Querhaus) beigesetzt.

Die Stiftskirche zählt zu den bedeutendsten erhaltenen Zeugen ottonischer Architektur und ist in ihrem äußeren Gesamterscheinungsbild vergleichsweise sehr gut erhalten. Die Arbeiten am Gründungsbau begannen wahrscheinlich schon 959 und waren wohl zur Jahrhundertwende bereits abgeschlossen. Auffallend ist die besonders starke Achsverschiebung, die eine Unregelmäßigkeit im Grundriß der dreischiffigen und kreuzförmigen Basilika bewirkt.

Zunächst entstanden die Ostteile mit dem stark angehobenen Chor, der darunterliegenden Krypta und dem Querschiff, das bei Geros Beisetzung vermutlich schon ein Dach besaß. Die Krypta gilt als eine der ältesten original bestehenden Hallenkrypten. Die niedrige Dekke des tonnengewölbten Raumes ruht auf vier Freipfeilern, von denen die zwei östlichen schlanker und feiner profiliert sind. Über der Krypta erhebt sich der Ostchor. Seine hohe Apsis trägt Malereien. Reste aus dem 13. Jahrhundert - der thronende Christus mit dem Buch des Lebens in der Hand - wurden während der Restaurierung unter Ferdinand von Quast (1858-72) freigelegt.

Seit der Mitte des 12. Jahrhunderts bestehen die Querhausemporen, getragen von je vier Säulen mit kämpferlosen Würfelkapitellen. Die dadurch bedeutungslos gewordenen Langhausemporen wurden vermauert, und erst durch Quast wiederentdeckt. Mit diesen Emporen nach byzantinischem Vorbild und mit dem Wechsel von Pfeiler und Säule geht die Gernröder Stiftskirche als "ältestes Beispiel einer Emporenbasilika mit einfachem Stützenwechsel" in die Geschichte ein.

Der heutige Westbau erhielt seine Gestalt hauptsächlich in der Mitte des 12. Jahrhunderts. Komplett neu entstand gleichzeitig die Apsis darunter. Die Rundtürme wurden jeweils um zwei Stockwerke erhöht und mit einem spitzen Dachkegel geschlossen. Die romanische Westkrypta, erstmals 1149 erwähnt, besteht aus drei Schiffen. Ihr Kreuzgratgewölbe ist voll ausgebildet.

Das Heilige Grab (Foto) wurde nachträglich zwischen den beiden östlichen Jochen des südlichen Seitenschiffs eingebaut. Es ist die für Deutschland älteste erhaltene Nachbildung des Grabes Christi in Jerusalem. Allerdings fehlt bis heute eine exakte Datierung; die Entstehung könnte schon in die Jahre 1060 bis 1080 fallen, spätestens aber um 1130. Restaurierungen erfolgten 1926 bis 1929 sowie 1954. Das Heilige Grab besteht aus einer Vor- und einer Hauptkammer, mittels niedriger Türöffnung miteinander verbunden. Zahlreiche Stuckreliefs von hoher Qualität formen sich zu biblischen Szenen, die sich allesamt auf die Auferstehung beziehen. Die frühromanischen Kunstwerke sind zum Teil sehr beschädigt. Der Innenraum hütet die überlebensgroße Stuckfigur von Christus mit vollplastisch hervorragendem Kopf. Vom einstigen Kreuzgang aus der Zeit um 1170 blieb nur der doppelgeschossige Teil an der Kirchensüdseite erhalten.

Rathaus

Am Marktplatz steht das Rathaus von 1664. Der farbenfrohe Bau mit gemauertem Untergeschoß und aufgesetztem Fachwerk wird von einem kleinen Uhrtürmchen mit Barock-Haube verziert.

Goslar

Einer Sage nach soll Ritter Ramm das Silber im Rammelsberg entdeckt haben, und seine Frau Gose für den Namen Goslar verantwortlich zeichnen. Belegt ist, daß seit 968 unter Kaiser Otto I. hier Bergbau betrieben wurde. Damit entstand eine neue Siedlung am Nordhang des Berges, neben der 922 von König Heinrich I. gegründeten vicus Goslariae. Kaiser Heinrich II. ließ 1005 bis 1015 erste Pfalzbauten errichten. Unter Heinrich III. wurde der prunkvolle Pfalzbau sowie der sogenannte Dom, an den heute nur noch die Domvorhalle unterhalb der Kaiserpfalz erinnert, vollendet. Die Goslarer Pfalz war 150 Jahre lang die bedeutendste Pfalz im Deutschen Reich. Glanzvolle Reichstage wurden hier abgehalten, der letzte große im Jahre 1219. Mit dieser Jahreszahl verbindet sich auch die erste urkundliche Nennung der Stadtrechte Goslars. Kaisertum und Kirche bestimmten das Siedlungsleben. Erst im 13. und 14. Jahrhundert erlangten die Goslarer Bürger mehr Selbständigkeit. So besaßen sie bis 1802 die Reichsunmittelbarkeit, während der Rat die Bergbaurechte am Rammelsberg nur pfandweise von den Braunschweiger Herzögen erhalten hatte. Die aus dem Bergbau erzielten Gewinne spiegeln sich in den prächtigen Bauten dieser Epoche wider, zu denen das Rathaus, die Stadtbefestigung, Gilde- und Bürgerhäuser zählen. Goslars Stadtväter schlossen sich 1267 der Hanse an, was dem Handel und somit auch dem Wohlstand der Stadt nur dienlich war.

Das Kaiserhaus der Pfalz in Goslar

Dem Braunschweiger Herzog Heinrich dem Jüngeren gelang es 1519-23 die Rechte am Rammelsberg wieder einzulösen, was einen jahrhundertelangen Streit zwischen der Stadt und den Braunschweigern nachsichzog. 1552 mußte die Stadt im Kloster Riechenberg einen Vertrag unterzeichnen, wonach sie auf fast alle Rechte am Rammelsberg und auf den größten Teil der Forsten verzichtete. Die Handelsstadt Goslar verlor an Bedeutung. Neben dem Bergbau entwickelten sich nun andere Gewerbe wie das Mühlenwesen und die Dachschiefergewinnung. Ein großer Teil der Fachwerkhäuser, die heute das Stadtbild ausmachen, stammen aus dieser Zeit.

Kaiserpfalz

Zum Pfalzbezirk gehörten das Kaiserhaus mit den Pfalzkapellen St. Ulrich (hier ruht das Herz Heinrichs III.) und Liebfrauen, das Domstift mit dem Dom St. Simon und St. Judas, die Pfarrkirche St. Thomas, die Ordensniederlassungen sowie die Kurien. Viele der Bauten sind heute nicht mehr vorhanden. Der "Dom", architektonisches Vorbild vieler berühmter sakraler Bauten (z.B. des Braunschweiger Doms) verfiel nach dem Ende der Kaiserzeit und wurde zwischen 1820 und 1822 bis auf die Domvorhalle abgerissen. Über den beiden rundbogigen Toren dieser Vorhalle sind fünf Figuren aufgestellt, die Heinrich III., die Apostel Simon, Matthias und Judas sowie vermutlich Friedrich I. darstellen. Darüber wiederum steht Maria mit dem Kinde. Während die gesicherten Kunstwerke des "Dom" heute im Goslarer Museum zu sehen sind, befinden sich in der Vorhalle vor allem Reste der geretteten Domarchitektur sowie ein Thronsessel der Kaiser der Salier- und Stauferzeit, ein Steinsitz mit Bronzelehnen.

Die romanische Domvorhalle

Das bedeutendste Gebäude der Pfalz ist das Kaiserhaus. Die erste Pfalz entstand an gleicher Stelle zwischen 1005 und 1015. Die zweischiffige, holzgedeckte Halle war verhältnismäßig bescheiden. Konrad II. und dessen Sohn Heinrich III. bauten das Gebäude erheblich aus. Nachdem 1253 zum letzten Mal ein deutscher Kaiser seinen Fuß in die Goslarer Pfalz gesetzt hatte, verfiel die Anlage.

Heute bestimmen den ersten Eindruck des Besuchers die großzügig angelegten Freitreppen, die beiden Nachbildungen des Braunschweiger Löwen und die Reiterstatuen vor dem Kaiserhaus. Letztgenannte wurden erst 1900 aufgestellt und verkörpern Friedrich I. Barbarossa (geschaffen von Toberentz) und Wilhelm I. (geschaffen von

Schott). An der Nordseite des Gebäudes befindet sich das auch als "älterer Wohnpalast" bezeichnete spätere Wirtschaftsgebäude, und an der Südseite schließt sich an den Hauptbau die St.-Ulrich-Kapelle an. Das zweigeschossige Kaiserhaus hat zwei große Säle. Im Erdgeschoß befand sich eine im Fußboden installierte Warmluftheizung. Der größere Saal im Obergeschoß mußte ursprünglich ohne verglaste Fenster auskommen. Dafür ist er mit seinen Ausmaßen (47,2 x 15,18m) der größte in Deutschland errichtete Kaisersaal. Großformatige Wandgemälde von Hermann Wilcenius veranschaulichen Blüte, Untergang und Wiedergeburt des deutschen Kaiserreiches beeindruckend und etwas verherrlichend zugleich. 1998 bis 2000 erfolgte eine umfassende Sanierung des Kaiserhauses, wobei auch die Gemälde restauriert und die Ausstellungsräume erneuert und modern gestaltet worden sind.

St.-Ulrich-Kapelle

Architektonisch völlig eigenwillig und so in Deutschland auch einmalig ist die St.-Ulrich-Kapelle. Zu ihrer Entstehungszeit gibt es unterschiedliche Auffassungen (11. bis Anfang 13. Jahrhundert). Der im Vergleich zum Kaiserhaus kleine Bau besitzt zwei Etagen. Im Erdgeschoß, das einen kreuzförmigen Grundriß aufweist, fanden die Gottesdienste statt, während das achteckig errichtete Obergeschoß der kaiserlichen Familie als Andachtsstätte diente. In der Kapelle befindet sich der Sarkophag Heinrichs III., dessen Herz unter der Grabplatte liegt.

Neuwerkkirche

Die Neuwerkkirche (1186 erstmals urkundlich) zählt zu den bedeutendsten romanischen Kirchen diesseits des Rheins. Die kreuzgewölbte, dreischiffige Pfeilerbasilika ist, besonders in der Chorapsis, prunkvoll ausgestattet. Das nördliche Querschiff bewahrt das Doppelgrab des Stifterehepaars Helena und Volkmar von Wildenstein. Die prächtigen Monumentalgemälde an den Kirchenwänden wurden im 18. Jahrhundert übertüncht. Gegen Ende des 19. Jahrhunderts legte man die Chorgemälde mit vornehmlich Szenen aus dem Alten Testament wieder frei. Die Darstellungen stammen aus den Jahren 1230 bis 1240 und weisen byzantinischen Einfluß auf.

Am Außenbau ist die von freistehenden, an den Schäften reichverzierten Säulen (Königslutter-Nachfolge) geprägte Hauptapsis besonders bemerkenswert. Die evangelische Pfarrkirche wurde in den vergangenen Jahren umfassend restauriert.

Jakobikirche

Laut Überlieferung ist sie die älteste Pfarrkirche Goslars. Sie wird schon 1073 in einer Urkunde des Hildesheimer Bischofs Hezilo erwähnt wird, vermutlich handelt es sich hierbei aber um einen Vorgängerbau.

Die anfangs flachgedeckte Basilika erfuhr mehrmals beträchtliche Umbauten. So wurde schon bald der Chor gotisch vergrößert. Mitte des 13. Jahrhunderts wölbte man die Decke in einem langwierigen technischen Prozeß ein, anschließend wurden die beiden Rundtürme angebaut. 1496 bis 1512 verwandelte man die Basilika in eine große gotische Hallenkirche.

Bei Restaurierungsarbeiten entdeckte man 1931 mehrere Wandmalereien, die aus vier aufeinanderfolgenden Jahrhunderten stammen. Die ältesten sind etwa 700 Jahre alt. Aufmerksamkeit erregen außerdem immer wieder die geschnitzte Kanzel (1620) und das kupferne Taufbecken (1592) sowie die Plastik "Schmerzensmutter mit dem toten Sohn". Die Kirche ist katholisch.

Marktkirche

Die im Stadtzentrum alles überragende Marktkirche wird 1151 als ecclesia forensis erstmals urkundlich erwähnt. Doch der flachgedeckten, dreischiffigen Pfeilerbasilika St. Cosmas und Damian folgte schon Ende des 12. Jahrhunderts ein flachgedeckter Neubau. 1240 zog man ein Kreuzgratgewölbe ein. Die Türme bekamen 1593 die Helme aufgesetzt, fielen 1844 Flammen zum Opfer und wurden wenig später in der heutigen Form neu errichtet. Reste wertvoller Wandgemälde des ausgehenden 15. Jahrhunderts finden sich im südlichen Querschiff. Eine Vitrine bewahrt die farbenprächtige Chor-Glasmalerei des 13. Jahrhunderts mit Szenen aus dem Leben und Wirken der Heiligen Cosmas und Damian. Das Messingtaufbekken (1573) stammt vom Goslarer Erzgießer Magnus Karsten, die Renaissance-Kanzel (1581) von Hans Seek.

Frankenberger Kirche

Sie liegt von Grün umgeben auf einem Hügel am Rand der Altstadt. 1108 erstmals genannt, mußte die Kirche 1250 ihre Flachdecke gegen ein Gewölbe eintauschen. Weitere Umbauten folgten, bei denen das Gotteshaus jedesmal ein paar romanische Elemente einbüßte. An der Stirnseite des südlichen Querhausarms findet sich in einem spätgotischen Portal ein romanisches Tympanon mit Christus zwischen Petrus und Paulus (Foto). 1783 bis 1787 ersetzte man die beiden einsturzgefährdeten Türme lediglich durch einen kleinen barocken Glokkenturm, ähnlich einer offenen Laterne. Die Kanzel mit üppigem Rankenwerk (1698) und der prächtige Hochaltar sind Werke des Barocks. 1877 entdeckte man verschiedene romanische Wandmalereien (um 1220/30) und restaurierte sie.

Rathaus

Ein Rathaus, vermutlich aus Fachwerk, existierte in Goslar schon im 12. Jahrhundert. Der heutige Bau stammt aus der Mitte des 15. Jahrhunderts. An der Marktfassade dominieren fünf große Spitzbogen. Zwischen dem vierten und fünften Bogen steht heute eine Holzsäule mit einer Nachbildung der sogenannten "Goslarschen Normalelle". Früher befand sich hier der Pranger.

Über eine Treppe an der Südseite gelangt man ins Obergeschoß des Arkadenbaus, wo vor allem die aus Messing und Rotwildstangen gefertigten Kronleuchter auffallen. Berühmtheit erlangte das spätgotische Ratsherrenzimmer (Huldigungssaal) mit seinen prächtigen Gemälden. Die Arbeiten, u. a. vier Deckengemälde, die die Jugend Christi und die heilverkündenden Sibyllen zeigen, schuf Anfang des 16. Jahrhunderts ein unbekannter Künstler. Die Malereien setzen sich in der benachbarten Trinitatiskapelle (1506 geweiht) fort.

Marktplatz

Mittelpunkt bildet der Marktbrunnen. Zwei bronzene Schalen auf einem steinernen Sokkel legen Zeugnis vom hohen Entwicklungsstand Goslarer Erzgießerkunst in der ersten Hälfte des 13. Jahrhunderts ab. Über den dezent verzierten Schalen thront ein vergoldeter Reichsadler.

In einem schieferverkleideten Gebäude gegenüber dem Rathaus ist ein Glockenspiel untergebracht, das täglich um 9, 12, 15 und 18 Uhr mit zahlreichen Figuren Szenen aus dem Bergbau des Harzes zeigt.
An der Südseite des Marktplatzes steht die Kaiserworth (heute Hotel) mit ihrem markanten, reichverzierten Erkerturm. Das mit großen Rundbögen versehene Gebäude wurde 1494 als Gildehaus der Tuchhändler errichtet. Im 18. Jahrhundert mußten die alten Figuren an der Fassade den Standbildern mehrerer deutscher Kaiser weichen, bis auf zwei an der Ostseite: Herkules und Abundantia. Darunter findet sich das Dukatenmännchen, mittelalterliches Symbol für einen nie versiegenden Reichtum der Gilde.

Typisch für Goslar: Farbenfrohes und reichgeschnitztes Fachwerk

Brusttuch

Das heute als Hotel genutzte Fachwerkhaus mit Renaissance-Elementen ließ sich 1521 bis 1526 der wohlhabende Hüttenherr Magister Johannes Thillingk errichten. Auf hohem Erdgeschoß aus Feldstein erhebt sich die Fachwerketage mit farbenprächtigem Bogenfries und Figuren (wie Engel, Butterhanne, Hexe) vom Braunschweiger Holzschnitzer Simon Stappen. Die Stirnseite des Hauses gestaltet ein Erker.

Bäckergildehaus

Das Haus entstand mit einigen Baupausen zwischen 1501 und 1557. Das steinerne Erdgeschoß trägt eine Fachwerk-Konstruktion, die als Kornspeicher diente.

Siemenshaus

Hans Siemens, ein Vorfahr des berühmten Technikers und Erfinders Werner von Siemens, ließ das Haus 1693 erbauen. Die Gefache des Fachwerks sind mit dekorativem Ziegelstein in verschiedenen Mustern ausgemauert.

Goslarer Museum

Es befindet sich in der Königstraße 1 in einem Gebäudekomplex, dessen Haupthaus 1514 als Stiftskurie erbaut wurde. Ein Museumsbereich widmet sich der Kirchenkunst, wo u. a. das farbenprächtige Evangelienbuch (um 1230 im Kloster Neuwerk angefertigt) zu sehen ist. Ausgestellt sind ferner original erhaltene Stücke des früheren Dominventars, so die überlebensgroße Kreuzigungsgruppe (1520), Glasmalereien, Wandteppiche und der Krodo-Altar (11. Jahrhundert).

Das gotische Rathaus am Goslarer Markt

In weiteren Räumen informieren Ausstellungen über die Gilden und das Handwerk Goslars, die Frühgeschichte, die Stadtbefestigung, die Geologie und das Münzwesen. Ein herausragendes Exponat ist hier die Bergkanne, eine Silberschmiedearbeit von 1477, die ursprünglich zum Ratsschatz gehörte.

Großes Heiliges Kreuz

Das Haus wurde 1254 als städtisches Hospital für alte und kranke Bürger eröffnet. Im großen Hauptflügel sind im 17. Jahrhundert 20 Zimmer auf zwei Etagen an der Nordwand ausgebaut worden. Heute bietet das Haus zahlreichen Kunsthandwerkern mit kleinen Werkstätten und Geschäften Platz.

Stadtbefestigung

Am Thomaswall trutzt in alter Wehrhaftigkeit der Zwinger, hinter dessen sechs Meter (!) dicken Mauern sich inzwischen ein Museum mit mittelalterlichen Waffen, Foltergerätschaften u.ä. verbirgt. Der riesige Turm mit einem Durchmesser von 24 Metern stammt von 1517. Ein weiterer Zwinger, Achtermann am Rosentor genannt, wurde 1508 von Kaiser Maximilian I. vollendet und später seines ursprünglichen Kegeldaches beraubt. Das Breite Tor, der Weber- und der Teufelsturm sind weitere Zeugen der kriegerischen Zeit. Die alte Stadtmauer wurde im 12. Jahrhundert errichtet und im 15. Jahrhundert erweitert und gesichert.

Rammelsberger Bergbaumuseum

Das erst 1988 stillgelegte Bergwerk befindet sich in der Nähe der Kaiserpfalz. Es wurde gemeinsam mit der Goslarer Altstadt 1994 in die Liste des Kultur- und Naturerbes der UNESCO aufgenommen.

Die erste urkundliche Erwähnung stammt von 968, der Bergbau hat hier aber schon länger Tradition. Der Erzkörper enthält u.a. Zink, Blei, Kupfer, etwas Silber und Gold. Ein Teil der Anlagen sind bereits als Museum hergerichtet. Stündlich finden Führungen statt, einerseits zum Herzberger Teich und dem Roederstollen, andererseits mit der Grubenbahn rund 500 Meter weit entlang der Tagesförderstrecke.

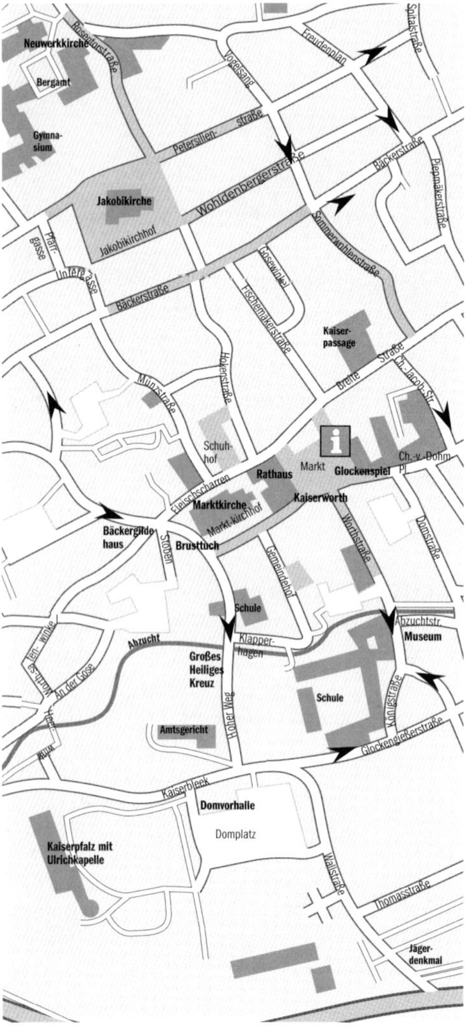

Innenstadtplan Goslar

Freizeit

Goslar verfügt über mehrere Kinos, Museen und Galerien. Zudem gibt es Theateraufführungen (Odeon) und Konzertgastspiele. Tennisplätze, Kegelbahnen und andere Sportstätten stehen bereit. Für Abwechslung sorgen Heimatabende und Rundflüge.

Goslar-Hahnenklee

Der Stadtteil Goslars liegt zu Füßen des Bocksberges. In 600m Höhe breitet sich der Kur- und Wintersportort auf einer welligen Hochfläche aus.

Berühmt ist der Ort durch seine **Gustav-Adolf-Kirche**, benannt nach dem schwedischen König. Die heute einzige Stabholzkirche Deutschlands entstand 1907/08 nach Plänen von Karl Mohrmann. Sie verkörpert den bereits aus der Wikingerzeit stammenden Stil norwegischer Stabkirchen. Insgesamt zwölf Masten tragen den hölzernen Bau, dessen Langhaus gen Osten in einer halbrunden Apsis schließt. Der Glockenturm steht nach Westen frei. Das markante Äußere bilden der dreistufige Dachreiter auf dem ebenfalls dreistufigen Dach.

Im **Heimatmuseum** erinnert eine Ausstellung an den Berliner Operettenkomponist Paul Lincke (1866-1946), der in Hahnenklee seinen Lebensabend verbracht hatte. Auf dem Bocksberg, auf den eine Kabinenseilbahn fährt, befindet sich ein **Edelsteinmuseum**.

Halberstadt

Zwischen Harz und Huy liegend bildet Halberstadt den Mittelpunkt des nördlichen Harzvorlandes und trägt seit Jahrzehnten den Zweitnamen "Tor zum Harz". Hier leben etwa 46 000 Menschen.

Die Geschichte des Ortes reicht vermutlich bis ins 4./5. Jahrhundert zurück. Die bestehende bäuerliche Siedlung an der Furt des kleinen Flusses Holtemme und die Nähe wichtiger Verkehrsverbindungen - zwei Heeresstraßen trafen hier zusammen - beeinflußten sicher die Entscheidung Karls des Großen um 804, den Bischofssitz von Seligenstadt (heute Osterwieck) hierher zu verlegen (827 urkundlich bestätigt). Im Schutz der Gaugrafenburg und der Domburg entwickelte sich eine bischöfliche Marktsiedlung. Otto III. verlieh 989 dem Bischof das Markt-, Münz- und Zollrecht sowie die Gerichtsbarkeit, und Halberstadt entfaltete sich zu einer der größten Städte des Reiches.

1179 durch Heinrich dem Löwen völlig zerstört, besaß Halberstadt nach einem sehr zügigen Wiederaufbau bereits 1184 das Stadtrecht Goslarer Prägung. Ab 1240 umgab eine steinerne Mauer mit sieben Toren, an die heute nur noch der Wassertorturm erinnert, die Stadt.

Die bäuerliche Siedlung, die sich zur Voigtei entwickelt hatte, wurde erst 1323 von dem Mauerring eingeschlossen. Das Städtebürgertum erstarkte und kaufte dem Bischof das Markt-, Münz- und Zollrecht ab. Allerdings erlangte dieser seine Macht 1425 zurück. Während der Reformation wurden zahlreiche Klöster im Umfeld geplündert und zerstört. Bischof von Halberstadt Kardinal Albrecht galt als Widersacher Luthers. Erst unter Bischof Heinrich Julius, Herzog von Braunschweig, war der Protestantismus 1591 auch im Dom eingeführt. 1648 wurde das Bistum aufgelöst, Halberstadt gehörte fortan zu Kurbrandenburg. Als Hauptort des Fürstentums lebten in der Stadt Beamte, Stiftsgeistliche, Lehrer, Juristen, Kaufleute und mit ihnen erfuhr die Stadt vor allem ab der zweiten Hälfte des 18. Jahrhunderts eine hohe geistige Anregung, so u. a. durch Gleim und Spiegel. 1807 gehörte Halberstadt zu dem durch Napoleon gegründeten Königreich Westfalen, ab 1816 zu Preußen.

Ein anglo-amerikanischer Bombenangriff legte am 8. April 1945 die Stadt in Schutt und Asche. 82 Prozent der Bausubstanz wurden zerstört. Über 10 000 Neubauwohnungen sind entstanden und dabei städtebauliche und denkmalpflegerische Aspekte dem reinen Zweckbau (nach Kriegsende gab es 25 000 Obdachlose) geopfert worden. Seit 1990 ist Halberstadt Modellstadt für Stadtsanierung, eine Chance, die wenigen erhaltenen Fachwerk-Reste doch noch zu bewahren. Die Maxime der Verantwortlichen heißt, Altes mit Neuem zu verbinden und den Neubauten auch in der Altstadt eine zeitgemäße, moderne Architektur zu gestatten. Seit September 1998 erfreuen sich die Halberstädter und ihre Gäste am neu gestalteten Fischmarkt mit dem wiedererrichteten alten Rathaus.

Domplatz

Ein von vier Toren durchbrochener Mauerring (Reste noch zu sehen) umgab den gesamten Platz zwischen Liebfrauenkirche und Dom. Die mittelalterlichen Gebäude, die den Platz flankierten, wurden vom 16. bis 18. Jahrhundert durch neue Bauten ersetzt.

Dom St. Stephanus von Süden

Romanischer Taufstein

Dom St. Stephanus

Bereits um 800 ist von einer karolingischen Missionskirche die Rede, aus der durch eine Erweiterung der 859 geweihte erste Dom hervorging. Nachdem dieser 965 teilweise eingestürzt war, erfolgte bereits 992 die Weihe des ottonischen Domes. Die durch die Eroberungsschlacht 1179 stark beschädigte Basilika wurde bis 1220 umfassend restauriert und wich ab 1239 allmählich der prächtigen gotischen Kathedrale, geweiht 1491. Westlich vor der ottonischen Anlage entstand zunächst der neue Westbau. Der Unterbau bis zum kräftigen Gesims, mit spitzbogigem dreistufigen Säulenportal und großer Fensterrose, stammt aus der Erbauungszeit, während das Turmpaar mit frei gestalteten rheinischen Giebeln und Fenstern zwischen 1882 und 1896 erneuert wurde.

Der Bau des Langhauses begann in der zweiten Hälfte des 13. Jahrhunderts mit den drei westlichen Jochen. Erst um 1340 entstanden die Marienkapelle und der Chor mit Chorumgang, der wie die Langhausjoche den Einfluß französischer Kathedralgotik erkennen läßt. In der letzten Bauetappe ab 1401 schuf man das Querschiff mit prächtigen Fassaden und das östliche Langhaus, wofür nun der noch genutzte ottonische Bau endgültig weichen mußte.

Trotz der langen Bauzeit zeigt sich der herrliche, schluchtartig aufstrebende Kirchenraum dem heutigen Betrachter als Einheit. Hohe spitzbogige Arkaden trennen die drei Schiffe voneinander. Zwischen Mittelschiff und Chor erhebt sich der Lettner aus dem 14. Jahrhundert. Darüber erinnert in sehr eindrucksvoller Weise die hölzerne Triumph-

Gotische Holztür im Chor

Die Liebfrauenkirche

kreuzgruppe (um 1220) an den spätromanischen Vorgängerbau. Ein gleichsam bedeutendes Ausstattungsstück ist der romanische Taufstein aus Rübeländer Marmor. Mehrere Sandsteinfiguren (14.-16. Jahrhundert) schmücken das Langhaus.

Der Chor mit Chorumgang und Marienkapelle kann während einer Führung besichtigt werden. Pfeilerfiguren (zwölf Apostel und die Dompatrone Sixtus und Stephanus; 15. Jahrhundert), Standbilder, Grabmäler und die bemalten Glasfenster (u.a. ein hochgotischer Zyklus in der Marienkapelle) betonen die Bedeutung dieses Bauteils.

Vom Neubau der Klausur um 1240/50, der auch romanische Bauteile des Vorgängers einbezog, sind nur einzelne Gebäude erhalten, so der zweigeschossige, kreuzgratgewölbte Kreuzgang und der Remter.

Der Dom zu Halberstadt besitzt eine der bedeutendsten sakralen Kunstsammlungen Deutschlands. Ein Teil wird bei Führungen gezeigt, u.a. liturgische Gewänder, Kirchengeräte, Möbel, Altäre, Tafelbilder und Reliquiare. Ältestes Stück der Sammlung ist das Diptychon des römischen Konsuls Constantinus (416), einmalig die vergoldete byzantinische Weihbrotschale (11. Jahrhundert). Große, wertvolle Teppiche schmückten wohl die Wände im Hohen Chor: der Abrahamteppich (um 1160), der Apostelteppich (um 1170), der Karlsteppich (1230/40) und der 14 Meter lange Marienteppich (Anfang 16. Jahrhundert), von dem aus Platzgründen nur die Hälfte ausgestellt ist. Der bemalte Stollenschrank und die Halberstädter Sitzmadonna (beide um 1230) stammen aus der Liebfrauenkirche.

Liebfrauenkirche

Bereits 1005 gründete der Halberstädter Bischof Arnulf ein Kollegiatstift, von dessen erster Kirche keine Reste mehr vorhanden sind. Die heutige hochromanische kreuzförmige und dreischiffige Pfeilerbasilika entstand unter Bischof Rudolph, der sie 1146 weihte.

Nach der Säkularisierung des Stifts 1810 verfiel das Gotteshaus zusehends. Um 1835 übernahm Ferdinand von Quast die Leitung einer umfassenden Restaurierung. Stark zerstört wurde die Liebfrauenkirche beim Bombenangriff am 8. April 1945.

Der Kirchenbau ist in ruhigen ausgewogenen Formen klar gegliedert. Vor allem der Grundriß folgt Hirsauer Gewohnheiten. Die markanten Osttürme mit oktogonalem Grundriß wurden schon etwa 1150 angebaut. Unter den steilen Zeltdächern finden sich je zwei Reihen Biforien, deren Mittelsäulen Würfel- und korinthisierende Kapitelle aufweisen. Der nördliche Turm wurde im 19. Jahrhundert erneuert und erst kürzlich statisch gesichert. Die Westtürme mit ihren hohen rheinischen Rhombendächern entstanden nach 1200. Zwischen den sich in Arkaden fast auflösenden Türmen befindet sich das Glockenhaus.

Das Innere der Kirche präsentiert sich in schlichter Monumentalität. Schnell aufeinanderfolgende Pfeilerpaare - quadratische und rechteckige im Wechsel - bestimmen die Atmosphäre im Langhaus. Ursprünglich war die Kirche großfigurig und farbig bemalt. Im 19. Jahrhundert wurden die damals bereits übertünchten Kostbarkeiten aus der Zeit um 1240 entdeckt und abermals übermalt. Reste bewahren die Fenster des südlichen Obergadens und die Querhausgewölbe (stukkierte Heiligenscheine und Gestirne). Chorschranken zwischen den Querhausarmen und der Vierung besaß bereits die Stiftskirche von Bischof Rudolph, die aber 1179 stark beschädigt wurden. Daraufhin (um 1200/1210) erhielten die 2,15 m hohen Schranken ihre Stuckierung. Entstanden war die heute noch eindrucksvolle Darstellung von Maria (Foto), Christus und den Aposteln, die zu den bedeutendsten romanischen Plastiken Deutschlands zählt. Im westlichen Vierungsbogen hängt ein spätromanisches Triumphkreuz, eines der bedeutendsten in der Gruppe sächsischer Monumentalkreuze des 13. Jahrhunderts. Es gehörte zu einer Triumphkreuzgruppe, die wiederum Teil eines Westlettners war, der anstelle des heutigen eisernen Chorgitters stand.

Gleimhaus (Literaturmuseum)

Johann Wilhelm Ludwig Gleim besetzte 1747 die Stelle des Domsekretärs in Halberstadt und zog in das Fachwerkhaus am Domplatz 31 ein. Er wohnte und arbeitete hier bis zu seinem Tod 1803. Das Museum bewahrt die 10 000 Bände umfassende Bibliothek Gleims sowie noch einmal so viele Korrespondenzen von Dichtern und Schriftstellern und bietet damit einen reichen Fundus bei der Erschließung der deutschen Aufklärungsliteratur. Zu besichtigen ist auch der von Gleim begründete „Freundschaftstempel“, eine Sammlung von 130 Porträts.

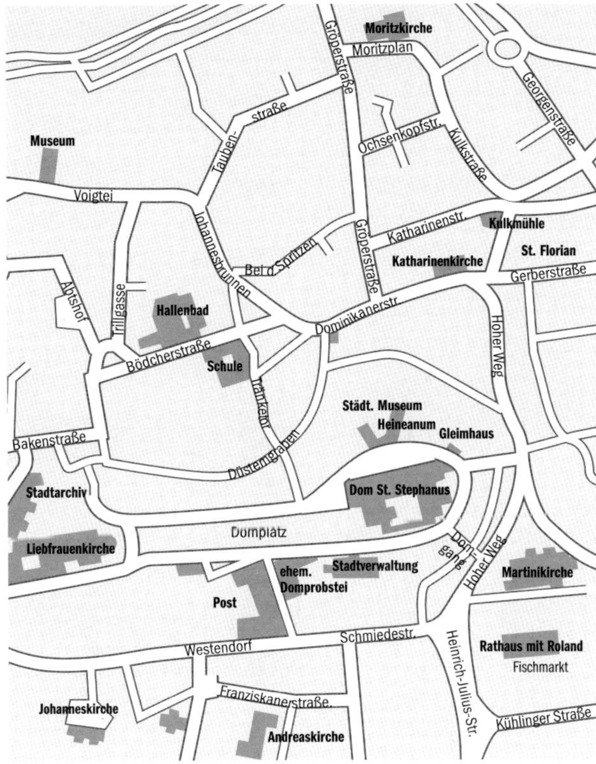

Innenstadtplan Halberstadt

Städtisches Museum

Das 1905 in der Spiegelschen Kurie eingerichtete Museum besitzt eine reiche ur- und frühgeschichtliche Sammlung. Plastik, Malerei und Kunsthandwerk ergänzen die Ausstellung, ebenso die Modelle einzelner Halberstädter Fachwerkhäuser.

Heineanum

Im Seitentrakt des Städtischen Museums befindet sich die Ausstellung des Vogelkundemuseums „Heineanum“, das zugleich Forschungsstätte ist. Zum Bestand gehören etwa 27 000 Präparate sowie eine naturkundliche Fachbibliothek mit 14 000 Bänden. Besonders wertvoll sind zwei montierte Saurierskelette.

Dompropstei

Der erste protestantische Halberstädter Bischof Heinrich Julius veranlaßte zwischen 1592 und 1611 den Bau der Dompropstei. Auf einer Sandsteinkolonnade erhebt sich das vorkragende Fachwerkobergeschoß. Die Hofseite ist komplett in Fachwerk errichtet. 1884 wurde das Gebäude um sieben Pfeilerarkaden verkürzt. Nach den schweren Zerstörungen 1945 wurde es umfangreich restauriert bzw. rekonstruiert (Obergeschoß). In der Dompropstei befinden sich heute der Bürgermeister-Sitz, der Ratssitzungs- und Veranstaltungssaal sowie das Standesamt.

Martinikirche

Urkundlich genannt wird sie erstmals 1186 als Kirche der Bürgergemeinde außerhalb der Stadt. Ihr heutiges Aussehen erhielt die dreischiffige Hallenkirche mit ihren markanten Türmen im 13. und 14. Jahrhundert. Die Türme, gegliedert von hohen übereinanderliegenden Schallöffnungen, lösen sich im letzten Geschoß vom Mittelbau und sind in Höhe des Dachansatzes durch einen überdachten Mittelgang miteinander verbunden. Diese Verbindung und die unterschiedlich hohen achteckigen Turmhelme sind seither ein besonderes Wahrzeichen der Halberstädter Silhouette.

Das Hauptportal der Kirche mit der Skulptur des Heiligen Martins im Tympanon (18. Jahrhundert) befindet sich an der Südseite des Langhauses.

Im Inneren vermittelt das langgestreckte

Das neuerbaute Rathaus vor der Martinikirche in Halberstadt

Querschiff zwischen dem basilikalen System des Chores und der Hallenform des Langhauses. Kräftige Rundpfeiler trennen die Schiffe des Langhauses voneinander.

Das älteste erhaltene Inventar der Kirche ist das bronzene Taufbecken (Anfang 14. Jahrhundert). Vier kniende Männer tragen den reliefierten Kessel und gießen aus ihren Gefäßen Wasser (Personifizierung der Paradiesströme). Die qualitätvolle, hölzerne Renaissance-Kanzel stammt von 1595/1690, der prächtige Barock-Altar in der Chorapsis von 1696.

Theater

Eine lange Tradition - schon 1812 fanden Vorstellungen fahrender Truppen in der Nikolaikirche statt - hat das Theater in Halberstadt. 1905 wurde das erste Stadttheater eingeweiht. Nach der völligen Zerstörung 1945 nutzten die Theaterleute ab 1949 das Vergnügungslokal „Elysium" und bauten es schließlich zur neuen Bühne um. Das Volkstheater entwickelte sich zu einem Musiktheater. Mit einem Anbau wurde das Haus 1970 um Werkstätten, Fundus, Verwaltungsräume und Kammerbühne erweitert. Heute bilden das Große Haus und die Kammerbühne Halberstadt gemeinsam mit den Kammerspielen und der Neuen Bühne Quedlinburg das Nordharzer Städtebundtheater, das während der Sommersaison auch auf den Freilichtbühnen Thale und Altenbrak zum Besuch zahlreicher Aufführungen einlädt.

Moritzkirche

Die Moritzkirche war ursprünglich Pfarrkirche der Neustadt und wurde 1237 an das Augustiner-Chorherrenstift übergeben, das bis 1810 bestand. Anschließend wurde St.

Moritz wieder Pfarrkirche der Neustadt. Die flachgedeckte romanische Pfeilerbasilika entstand in schlichter Bauweise mit einem zweitürmigen, einganglosen Westriegel. Restaurierungen im 19. Jahrhundert brachten verschiedene architektonische Veränderungen. Die mittelalterliche Ausstattung wurde durch zeitgenössische Kunstwerke ersetzt und das Kircheninnere mit aufwendiger Schablonenmalerei gestaltet.

Katharinenkirche

Die Katharinenkirche des im 13. Jahrhundert gegründeten Dominikanerklosters blieb in ihren schlichten gotischen Formen fast unverändert erhalten. Die dreischiffige, turmlose Hallenkirche stammt aus dem 14., ihre Ausstattung vorwiegend aus dem 17. und 18. Jahrhundert. Von den Klostergebäuden besteht noch der zum Kapitelsaal umfunktionierte Remter. Seit 1920 erfüllen Karmeliterinnen die Anlage mit Leben.

Johanniskirche

1646 bis1648 entstand die Johanniskirche in gotischer Fachwerkbauweise, innen mit einer reichen Renaissancedecke und qualitätvollem Inventar versehen, u. a. mit einem Schnitzaltar (1693), der Kanzel (1653, 1680 neu bemalt), dem bronzenen Taufbecken und der Orgel (17. Jahrhundert).

Andreaskirche

Die nach 1300 errichtete turmlose dreischiffige Hallenkirche mit etwas niedrigeren Seitenschiffen war die Kirche des Franziskanerklosters und nach dessen Säkularisierung 1810 katholische Pfarrkirche. 1945 völlig zerstört, begann 1950 der Wiederaufbau mit Chor und Klostergebäuden. Seither nehmen die Franziskaner hier wieder ihren Pfarrdienst wahr. Mittlerweile wurde auch das Langhaus im Stil des 14. Jahrhundert neu aufgebaut.

Fachwerkbauten

Vor der Bombardierung 1945 gehörte Halberstadt zu den schönsten Fachwerkstädten Deutschlands. Um den Martiniplan, den Holz- und den Fischmarkt standen die herrlichsten Häuser dicht an dicht. *Das Rathaus* (1381) erhob sich zwischen beiden Märkten als Sandsteinbau mit einer 1663 hinzugefügten Ratslaube. Seit September 1998 steht es wieder dort, aufwendig rekonstruiert. Seinen Ursprungsplatz, nämlich am Rathaus, erhielt damit auch der 4,39 m große, steinerne *Roland*, der nach 1945 an die Westfront der Martinikirche gesetzt worden war. Er stammt aus dem Jahr 1433.

Zu den sehenswerten Häusern gehört *St. Florian* (Gerberstraße), das äußerlich die Bauweise um 1575 bewahrt. In den 70er Jahren wurden das Haus *Hoher Weg 2* (Gerberhaus von 1602 mit erhaltenen Gerberböden und Ladeluke) und das Nachbarhaus Nummer 1, die sogenannte *Kulkmühle* (1594 errichtete Ratsmühle mit den auffallenden Arkadenbrüstungen), restauriert bzw. rekonstruiert. Erst jüngst fanden umfassende Bauarbeiten am Eckhaus Dominikanerstraße/ Gröperstraße ihren Abschluß. Weitere auffallende Häuser stehen in der Dominikanerstraße 3 (das sogenannte *Kolpinghaus* aus der zweiten Hälfte des 17. Jahrhunderts mit diamantierten Balkenköpfen und Andreaskreuzen) und im *Lichtengraben* 13, 14 sowie 15 (1580 bis1620 errichtet, besticht es vor allem durch die Kerbschnitzornamentik in den Brüstungsfeldern).

Voigtei, Bakenstraße, Grudenberg und Westendorf sind die wenigen Straßen mit relativ geschlossener Fachwerkbauweise. Große Ackerbauhöfe und kleine Handwerkerhäuser bilden das Ensemble, das 1990/91 zum Rekonstruktionsgebiet erklärt wurde.

Harzer Schmalspurbahnen

Zu den bedeutendsten Schmalspurbahnen Deutschlands gehören die Strecken im Ostharz. Zu DDR-Zeiten von der Reichsbahn mitbewirtschaftet, steht das aus Harzquer- und Brockenbahn sowie Selketalbahn bestehende Unternehmen seit 1992 wieder auf eigenen Beinen. An der GmbH sind 15 Kommunen und Landkreise beteiligt. Auf den Gleisen der Harzer Schmalspurbahnen (Spurweite 1000 Millimeter) fahren überwiegend nostalgische schwarze Dampfloks. Weniger attraktiv sind die auf Schmalspur umgerüsteten „Roten Kamele", Dieselloks der Baureihe V 100, die zu DDR-Zeiten die teuren Dampfloks ersetzen sollten, heute aber auf den Strecken die Ausnahme bilden. Hingegen kaufte die HSB Triebwagen, die regelmäßig vorwiegend im Südharz fahren.

Harzquer- und Brockenbahn

Züge der Harzquer- und Brockenbahn fahren auf der gut 60 Kilometer langen Strecke von Nordhausen nach Wernigerode bereits seit 27. März 1899. Schon im Dezember 1866 bildete sich in Wernigerode ein Komitee zum Bahnbau. Es beschloß ein knappes Jahr später, die Betriebsfähigkeit der Bahn untersuchen zu lassen. Aber durch viele Unstimmigkeiten scheiterte das Projekt und geriet in Vergessenheit.

Erst im Mai 1896 wurde das Thema Harzbahn wieder aktuell, als sich in Nordhausen abermals ein Komitee gründete. Am 25. Juni bildete sich in Berlin eine Aktiengesellschaft mit 5,5 Millionen Mark Grundkapital: die Nordhausen-Wernigeröder Eisenbahn (NWE), deren Sitz sich bis 1916 in Nordhausen befand, bevor er aus organisatorischen Gründen nach Wernigerode verlegt wurde.

Die Bauarbeiten brachten eine Menge Tükken mit sich. Zwischen der Steinernen Renne und Drei Annen Hohne mußten sich die Bauleute insgesamt 70 Meter durch einen Berg hindurchwühlen. Auf dem Weg zum Brockenplateau galt es, hinderliche Felsvorsprünge wegzusprengen und massenweise nachgebenden Torf aus den Brockenmooren auszuheben. Neben diesen natürlichen taten sich auch rein menschliche Hürden auf. 32 Hasseröder weigerten sich bis zuletzt, die schnaufenden Ungeheuer über ihre Grundstücke fahren zu lassen. Alle verloren jedoch die Gerichtsprozesse gegen die Bahnbaugesellschaft.

Die Endstelle der Harzquerbahn befindet sich auf dem Gelände des Hauptbahnhofes Wernigerode. Man kann in der bunten Stadt aber auch noch am Bahnhof Westerntor, am Haltepunkt Kirchstraße und an der Station Hasserode sowie kurz hinter dem Ort an der Station Steinerne Renne zusteigen. Auf der Strecke nach Drei Annen Hohne quält sich die Lok mit einer Geschwindigkeit von etwa 25 km/h die Harzberge hinauf, wofür man etwa eine Dreiviertelstunde einplanen muß. Über die Stationen Elend, Sorge, Benneckenstein und Tiefenbachmühle gelangt man mit dem schnaufenden Dampfroß an den Knotenpunkt Eisfelder Talmühle, wo man nach Hasselfelde/Gernrode (Selketalbahn) umsteigen kann. Über Netzkater und Ilfeld verläßt die Schmalspurbahn die Berge und dampft an Getreidefeldern vorbei über Niedersachswerfen nach Nordhausen-Krimderode, Nordhausen-Altentor und schließlich Nordhausen-Nord. Für die gesamte Fahrt muß man gut drei Stunden einplanen.

Die Brockenbahn bildet den Abzweig von

Drei Annen Hohne über Schierke zum Brocken hinauf. Die Strecke quert die Kernzone des Nationalparks Hochharz. Seit 1. Juli 1992 fährt die Brockenbahn wieder täglich mit mehreren Zügen auf den höchsten Harzgipfel. Auf dieser Strecke sind teilweise Steigungen von 1:30 (ein Meter Höhenunterschied auf 30 Metern Strekke) zu bewältigen. Für eine reine Adhäsionsbahn, die also ohne helfenden Zahnradantrieb oder ähnlichem auskommen muß, eine stattliche Leistung.

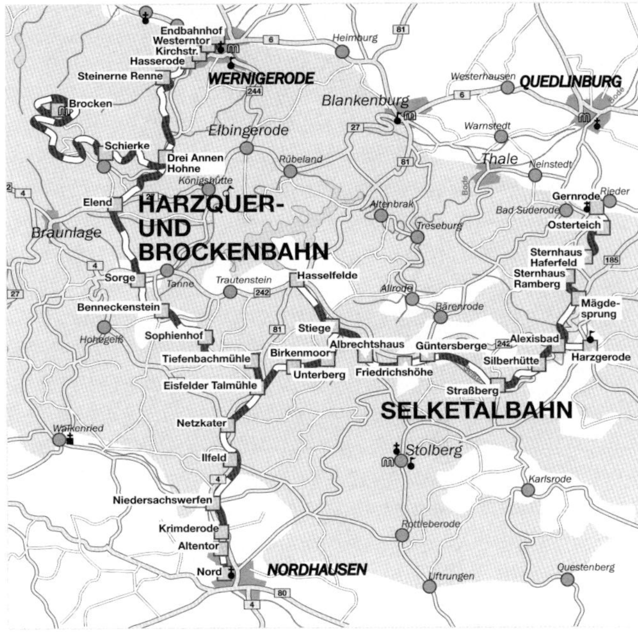

Streckennetz der Harzer Schmalspurbahnen

Seit 1990 gehören zum Programm der Harzer Schmalspurbahnen wieder die traditionellen Sonderfahrten zur Walpurgisnacht. Jeweils am Abend des 30. April schnaufen geschmückte Züge aus Nordhausen und Wernigerode mit allerhand lustigem Hexen- und Teufelvolk hinauf nach Schierke, wo bereits ab Nachmittag zahlreiche Veranstaltungen zum unzüchtigen Treiben laufen.

1999 wurde das 100jährige Jubiläum der Harzquer- und Brockenbahn mit zahlreichen Sonderfahrten und Veranstaltungen, u. a. einer internationalen Auktion von originalen Sammlerstücken, gebührend gefeiert.

Selketalbahn

Viele Natur- und Eisenbahnfreunde sind sich einig: Eine Fahrt mit der Selketalbahn bietet mehr Romantik und weckt mehr Abenteuerlust als mit der größeren Schwester Harzquerbahn. Das liegt wohl daran, daß man für die Strecke durchs Selketal besonders verwegene Trassen beschreiben mußte, die weitgehend durch ursprüngliche Landschaft führen.

Begonnen hat alles offiziell am 10. Mai 1886 mit der Gründung der Gernrode-Harzgeröder Eisenbahngesellschaft (GHE). Am 27. September desselben Jahres drang bereits der erste Spaten einer Hannoveraner Firma ins Erdreich des Selketals. Schon ein knappes Jahr später war die 10,2 Kilometer lange Strecke von Gernrode nach Mägdesprung fertig. Bis Güntersberge ging alles in Windeseile weiter. Dann taten sich plötzlich bürokratische Hürden auf, da man herzoglich-braunschweigisches Terrain berührte. Aber die Regierenden dort ließen mit sich reden, und so war dann am 1. Mai 1892 das Werk vollbracht und Hasselfelde erreicht.

Ein großes, mehrtägiges Volksfest fand aus

Sonderzug "100 Jahre Harzquer- und Brockenbahn" am 27. März 1999 am Bahnhof Schierke

Anlaß des 100jährigen Bestehens der Selketalbahn 1987 in Gernrode statt. Zu den Höhepunkten gehörten ein mit zwei Malletlokomotiven bespannter Oldtimerzug, eine Fahrzeug- und eine Modellbahnausstellung, Sonderstempel der Post und historische Ansichtskartenserien.

Die Selketalbahn ist von allen Strecken im Harz die mit den geringsten Fahrgastzahlen, weshalb hier vor allem Sonderfahrten bzw. -veranstaltungen die Attraktivität erhöhen sollen (Einsatz historischer Triebfahrzeuge, Volksfeste zu Jubiläen wie 10 Jahre Strecke Straßberg-Stiege bzw. 110 Jahre Selketalbahn).

Der Endpunkt der Selketalbahn ist Gernrode. Von hier verkehren Triebwagen bzw. dampfen die mit zwei oder drei Wagen bestückten Loks über Osterteich, Sternhaus-Haferfeld und Sternhaus-Ramberg sowie Mägdesprung nach Alexisbad. Hier kann man umsteigen, wenn man per Bahn das wenige Kilometer entfernte Harzgerode erreichen will. Die Fahrt geht weiter über Silberhütte, Straßberg und Friedrichshöhe sowie Albrechtshaus nach Stiege, wo seit 1984 auf Grund ihres geringen Halbmessers die kleinste Wendeschleife Europas besteht. Von Stiege ist die nächste und letzte Station der Selketalbahn dann Hasselfelde.

Harzgerode

Harzgerode zählt etwa 5600 Einwohner und liegt im Zentrum des Unterharzes auf einer Hochfläche 390 m ü. NN.

Der Ort wurde bereits 994 als Marktsiedlung und Münzstätte des im Selketal liegenden Klosters Hagenrode erwähnt. Im 13. Jahrhundert entwickelte er sich zur Stadt und wurde schließlich 1338 erstmals als solche benannt. Anfang des 16. Jahrhunderts gewann der Bergbau in Harzgerode zunehmend an Bedeutung, was der städtischen Entwicklung zugute kam. Die Ressourcen waren aber auch hier nicht unerschöpflich, weshalb 1912 das letzte Bergwerk dichtgemacht wurde.

Schloß

Anstelle einer mittelalterlichen Burg ließen 1549 bis 1552 die Fürsten von Anhalt das Schloß errichten, eine regelmäßige Anlage um einen fast quadratischen Hof. Mit dem Aussterben der Linie Anhalt-Bernburg 1709 diente das Schloß nicht mehr als Wohnsitz der fürstlichen Familie.

Im rekonstruierten Schloß laden Galerie und Heimatstube zu einem Besuch ein; im Schloßkeller eine Gaststätte. Der Rittersaal (heute Konzertsaal) besitzt ein Parkett, das aus 18 Holzarten des Harzes besteht.

Rathaus

Es steht auf dem Marktplatz und stammt aus dem Jahre 1901. An seiner Stelle wurde schon 1431 ein Gebäude als Sitz der Stadtväter erwähnt, das allerdings 1635 einem Brand zum Opfer fiel. Vier Jahre später baute man es neu auf, woran heute noch eine Tafel im Rathausflur erinnert. Als das Gebäude Ende des 19. Jahrhunderts für die wachsenden Verwaltungsaufgaben zu eng wurde und fällige Reparaturen “wegen des Alters nicht empfehlenswert” waren, beschloß 1899 der Rat der Stadt den Abriß. Auf den alten Grundmauern und den Kellerräumen entstand das neue Rathaus.

St.-Marien-Kirche

Der älteste Teil der Bergmannskirche ist der Unterbau des massigen Westturms, der wohl aus dem frühen 13. Jahrhundert stammt. Aus der Zeit der Spätgotik blieben drei Umfassungswände mit spitzbogigen Fenstern, einst zu einem polygonalen Chor gehörend. Mehrere große Brände zwischen 1500 und 1635 fügten dem Bau erhebliche Schäden zu. 1697/99 nahm man umfassende Umbauten vor, die der Kirche ihr heutiges barockes Gepräge gaben. Bemerkenswert im Inneren sind die dreiseitigen und dreigeschossigen Emporen und der Fürstenstuhl an der Ostseite mit den Bildnissen des Fürsten Wilhelm und seiner Gemahlinnen.

Burgruine Anhalt

Etwa vier Kilometer nordöstlich von Harzgerode liegt über dem Selkeufer die Burg Anhalt, die auf das Jahr 1040 zurückgeht. Graf Esico von Ballenstedt ließ die Burg errichten, die vermutlich nur aus einem Rundturm von 18 Metern Durchmesser und 2,80 Metern Mauerstärke bestand. Bei Ausgrabungen 1902 bis 1907 fanden sich Teile dieses ältesten Baukörpers.

1150 bis 1200 entstand eine hochromanische Anlage mit Vor- und Hauptburg. Von ihrem Bergfried blieb bis heute ein zwei bis fünf Meter hoher Stumpf mit rundbogiger Öffnung erhalten.

Freizeit

Harzgerode wartet mit Sportplätzen, Hallenbad, Freibad, Sauna, Kegelbahn und einer Sprungschanze auf.

Hasselfelde

Hasselfelde liegt mitten im Harzgebirge auf einer Hochfläche (450 - 470 m ü. NN). Das Städtchen zählt etwa 3000 Einwohner.

Eine Urkunde aus dem Jahre 1046 nennt den Ort zum ersten Mal. Bergbau- und Hüttenbetriebe sorgten für eine schwunghafte Entwicklung. 1222 erhielt Hasselfelde das Stadtrecht. Wiederholte Zerstörungen zahlreicher Häuser konnte auch die im Mittelalter erbaute Stadtmauer nicht verhindern. Fünf verheerende Großbrände suchten die Stadt zwischen 1559 und 1893 heim.

Im 19. Jahrhundert entwickelte sich die Viehzucht zum bedeutenden Erwerbszweig. Außerdem arbeiteten im Ort Holz- und Steinhauer, Köhler sowie Fuhr- und Bauleute.

Stadtkirche

Der große neugotische Bau (1845-51) entstand nach Plänen von Carl Theodor Ottmer als einschiffige Halle mit Westturm anstelle der niedergebrannten Vorgängerkirche.

Westernstadt Pullmann-City II

Am Ortsausgang Richtung Blankenburg liegt der Western-Freizeitpark mit Mainstreet, Fort, Tipilager, Circus und Bisongehege.

Harzköhlerei Stemberghaus

An der B 81 Richtung Blankenburg bietet eine der letzten noch arbeitenden Köhlereien des Harzes Gelegenheit, die Holzverkohlung kennenzulernen. Das erste deutsche Köhlereimuseum gibt Einblick in die Entwicklungsgeschichte dieses Handwerks.

Herzberg

Herzberg ist die zweitgrößte Stadt des Landkreises Osterode. Zu Herzberg gehören Pöhlde, Scharzfeld, Sieber und Lonau.

Die Geschichte Herzbergs ist vor allem die Geschichte des Schlosses. 1157 erwarb Heinrich der Löwe die Burg von Barbarossa im Tausch gegen schwäbische Güter. In Welfen-Besitz blieb das Schloß bis 1866.

Im Jahre 1290 kam mit Herzog Heinrich Mirabilis das Schloß in den Besitz der Grubenhagener Linie des Hauses Braunschweig, die es als bevorzugten Wohnsitz und ab 1486 sogar als ständige Residenz nutzten. Ein Brand 1510 vernichtete das Schloß; es wurde neu aufgebaut.

1714 verlor es seine Eigenschaft als herzogliche Residenz, wurde jedoch noch bis 1788 als fürstliche Einrichtung genutzt und unter Obhut eines Kastellans erhalten. Im 19. Jahrhundert hielten Behörden im Schloßhof

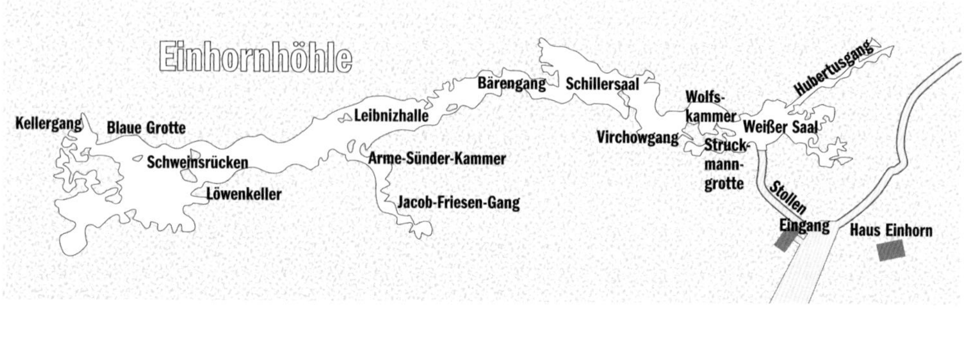

Einzug. So wurden beispielsweise im Stammhausflügel das Katasteramt und im Sieberflügel das Amtsgericht untergebracht. 1929 erlangte Herzberg Stadtrecht.

Schloß (Foto)

Der Neubau entstand nach 1510 als ausgedehnte Vierflügelanlage im Stil der Spätgotik und der Renaissance. Im Winkel zwischen dem Grauen Flügel (südöstlich) und dem Sieberflügel (nordöstlich) steht der viergeschossige, reichverzierte Uhrturm. Die senkrechtdoppelte Uhr am obersten Geschoß hat arabische und römische Ziffern.

Im Stammhausflügel (südwestlich) sind ein Zinnfigurenmuseum und eine ethnographische Ausstellung über den Harz untergebracht. Der Rittersaal ist als Konzert- und Vortragsraum eingerichtet.

Die größte Kostbarkeit des Herzberger Welfenschlosses ist eine Faksimile-Ausgabe des berühmten Evangeliars Heinrichs des Löwen. Das Original liegt sicher in Wolfenbüttel hinter Stahltüren.

Steinkirche

Am Steinberg oberhalb des Ortes Scharzfeld liegt eine eiszeitliche Höhle, die sogenannte Steinkirche. Sie gilt als Nachweis für das früheste Auftreten des Menschen im Harzvorland während der ausgehenden Altsteinzeit und der mittleren Steinzeit (15 000 bis 8 000 v. Chr.). Die Steinkirche hat beachtliche Ausmaße: 30 Meter tief, acht Meter hoch und drei bis fünf Meter breit.

Burgruine Scharzfels

In der Nähe des Ortes Scharzfeld liegt auf bzw. in einem 396 m ü. NN hohen Dolomitfelsen die Burgruine Scharzfels. Vermutlich dienten die natürlichen Hohlräume bereits in ur- oder frühgeschichtlicher Zeit als Zufluchtsstätte, zur Burg ausgebaut wurden sie im 10. Jahrhundert. Ihre Besitzer wechselten mehrmals bis sie dann 1596 an die Herzöge von Braunschweig-Wolfenbüttel kam. 1761 belagerten, eroberten und zerstörten die Franzosen die Anlage. Die Burgruine ist gesichert und kann besichtigt werden.

Einhornhöhle

Die Höhle, nahe der Ruine Scharzfels, entstand mit Beginn der Eiszeit. Man fand zahlreiche Knochen und Zähne von Höhlenbären und -löwen sowie von Wölfen. Einst hielt man diese Funde für Reste des sagenumwobenen Einhorns. Die Höhle kann in den Sommermonaten besichtigt werden.

Königspfalz Pöhlde

Am Rotenberg befand sich nachweislich seit 929 eine bedeutende Pfalz, auf der sich Heinrich I. gern aufhielt. Die Anlage wurde im 30jährigen Krieg völlig zerstört.

Ruhmequelle

Sie zählt zu den drei größten Quellen Europas und befindet sich etwa drei Kilometer südlich von Pöhlde. Hier treten pro Sekunde etwa fünf Kubikmeter Wasser zutage. Die Quelle ist zwölf Meter tief, umfaßt eine Oberfläche von etwa 500 Quadratmetern.

Freizeit

In Herzberg bestehen zahlreiche Sport- und Tennisplätze, ein Segelflugplatz, ein Reitverein, mehrere Saunen und ein Freibad.

Ilsenburg

Ilsenburg liegt am Nordrand des Harzes etwa 240 bis 300 m ü. NN am Ausgang des romantischen Ilsetals.

Schon im 9. und 10. Jahrhundert existierte im Gebiet der heutigen Stadt Ilsenburg eine Jagdpfalz und Reichsburg, die "Elysinaburg". 998 überließ Otto III. die Anlage dem Halberstädter Bischof, was Heinrich II. 1003 bestätigte.

Ilsenburgs Geschichte ist seit dem 11. Jahrhundert eng mit der Eisenerzgewinnung und -verhüttung verknüpft. Mühlen, Schmieden und wasserbetriebene Hüttenwerke bestimmten das Bild des Ortes bereits im Mittelalter. Eine neue technologische Epoche leitete der 1546 aufgestellte Hochofen ein. Fortan fertigte man hier u.a. gußeiserne Ofen- und Kaminplatten, die selbst in Norwegen, Rußland und Österreich sehr begehrt waren. Im 17. und 18. Jahrhundert erlebte dieser Erwerbszweig mit der Entwicklung des sogenannten Ilsenburger Kunstgusses seine Blüte. Diese Tradition wird bis heute in der Fürst-Stolberg-Hütte kommerziell gepflegt.

Kloster mit Klosterkirche

Mitte des 11. Jahrhunderts veranlaßte Bischof Burchard II. von Halberstadt eine Reform des etwa 1003 gegründeten Benediktinerklosters. Dazu besetzte er es mit Mönchen aus Cluny.

In diese Zeit fällt die Errichtung der heutigen Klosterkirche (1078 bis 1087), in deren Chor Bischof Burchard II. 1088 beigesetzt wurde. Bis in die Mitte des 13. Jahrhunderts konnte sich das Kloster seine ökonomische und geistige Bedeutung bewahren. Im 16. Jahrhundert verlor es seine Selbständigkeit und ging in den Besitz der Grafen Stolberg-Wernigerode.

Von der einst dreischiffigen, flachgedeckten Basilika mit dreischiffigem Chor, Querhaus sowie sächsischer Westturmfront blieben nur Reste erhalten. Noch vor Hirsau entstand in Ilsenburg ein Reformbau, in dem Bauauffassungen aus Cluny auf eigene Art und Weise umgesetzt wurden. Für Deutschland zu der Zeit einmalig war die Gestaltung des Ostabschlusses: ein Chor von drei Schiffen mit je einer Apsis. Eine Krypta fehlte. Um 1200 erhielt die Kirche ihre Kreuzgratgewölbe und vermutlich auch den Estrich mit Zeichnungen von Tieren und Fabelwesen. Reste bewahrt der Westteil des Langhauses. An den zweitürmigen Westbau (im Kern 11. Jahrhundert) erinnern lediglich der Stumpf des südlichen Turmes und ein Teil des Zwischenbaus.

Von den Klostergebäuden, nach einem Brand 1120 neu errichtet, blieben die Flügel im Osten und im Süden relativ gut erhalten. Der Südflügel bewahrt das Refektorium, dessen zwölf Säulenschäfte teils gedreht und teils reichgemustert sind. Die Wirtschaftsgebäude im Westtrakt der Klausur wurden 1862 zum Teil zu einem historistischen Schloß ausgebaut (heute Hotel).

Hüttenmuseum

Es präsentiert die Entwicklung der Erzverarbeitung und des Eisengusses, verbunden mit der Geschichte der Stadt. Kunstgußplatten, Metallgeschirr und Funktionsmodelle der Hüttentechnik gehören zur Sammlung.

Freizeit

Die Naturschönheiten der Umgebung laden zum Wandern ein, so die Wasserfälle im Ilsetal, die Paternosterklippen und der Ilsestein. Seit 2000 bietet die neue Harzlandhalle Sport- und Kulturveranstaltungen an.

Nordhausen

Im südlichen Harzvorland breitet sich am Hang die Stadt Nordhausen aus. Höhenunterschiede zwischen 180 und 250 Metern ließen sie zur "Stadt der Treppen" werden. *Die erste Erwähnung erfolgte im Zusammenhang mit den Schenkungen König Heinrichs I. an seine Frau Mathilde im Jahre 927. Das 961 von ihr gegründete Damenstift "Zum Heiligen Kreuz" bestimmte in den darauffolgenden 200 Jahren die Geschicke des Ortes, zumal es ein Jahr später das Markt-, Münz- und Zollrecht von Otto II. erhielt. 1220 wandelte Friedrich II. das Damenstift in ein freiweltliches Chorherrenstift um und brachte die Stadt in Reichsbesitz. Zwischen 1290 und 1330 zog man die Mauern um die Stadt. Aber der Zustrom neuer Bürger war so groß, daß schon bald die Neustadt vor den Toren entstand. Die Stadt entwickelte sich schnell, verbündete sich 1306 mit Erfurt und Mühlhausen und war sogar 1430-32 Mitglied der Hanse. Die für Nordhausen mit dem "Echten Nordhäuser Doppelkorn" bekannte Branntweinbrennerei hat ihre Anfänge zu Beginn des 16. Jahrhunderts. Mitte des 19. Jahrhunderts entwickelte sich der Maschinen- und Schwermaschinenbau.*

Im II. Weltkrieg wurde unweit der Stadt mit dem Konzentrationslager "Dora" eine Rüstungsproduktionsstätte geschaffen. Nordhausen bildete damit einen Schwerpunkt der Bombardements, die 74 Prozent der Stadt in Schutt und Asche legten.

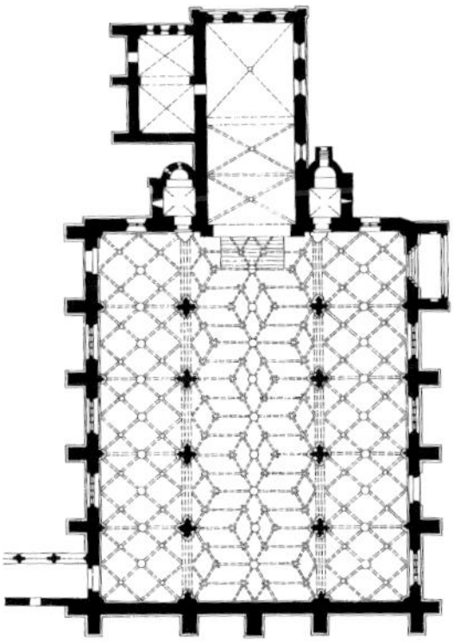

Dom "Zum Heiligen Kreuz"

Vom Ursprungsbau des 961 von Königin Mathilde gegründeten Damenstifts ist nichts mehr erhalten. Er wurde 1180 zerstört. Anstelle der Ruine entstand noch in romanischer Zeit ein neuer würdiger Sakralbau. Von diesem bestehen heute die unteren Teile der Türme und die Krypta. Manche Historiker datieren, abgeleitet von den Formen der noch erhaltenen ältesten Teile, den Baubeginn etwa in das Jahr 1130.

Die dreischiffige Krypta schließt mit einer halbkreisförmigen Apsis. Die Säulen in der Krypta verweisen auf Baumeister der Hirsauer Schule. An der Westwand der Krypta befindet sich die Grabplatte vom 1327 verstorbenen Dechant Friedrich von Biela.

1460 bis 1525 entstand die dreischiffige Hallenkirche hoch- und spätgotischen Stils unter Verwendung schlanker Pfeiler, die von 1350 stammen. Zur Ausstattung des Doms gehören die Stifterfiguren am Chor (Arbeiten aus der Entstehungszeit des 1267 geweihten Chores), der Taufstein (12. Jahrhundert) und das Chorgestühl (2. Hälfte des 14. Jahrhunderts). Der kostbare Domschatz bewahrt u.a. das Nordhäuser Kreuzreliquiar und das Tafelbild "Mutter Gottes mit der Akelei".

Rathaus

Das erstmals 1360 erwähnte Rathaus wurde 1604 bis 1610 zum heutigen Renaissancebau grundlegend umgebaut. 1945 stark zerstört, baute man das alte Rathaus 1952, die äußerlichen Ursprungsformen bewahrend, wieder auf. An der westlichen Ecke der Südseite des Gebäudes steht auf einem Sokkel das Rechtssymbol und zugleich ein

Der Roland am Alten Rathaus

Wahrzeichen der Stadt Nordhausen: der Roland. Die jetzige Figur aus Eichenholz stammt von 1717 und ersetzt ihren 1411 erstmals erwähnten Vorgänger, den die häufigen Brände arg in Mitleidenschaft gezogen hatten. Den Roland überdacht ein spätgotischer Baldachin aus Kupfer, auf dem ein Pelikan mit Jungen Platz gefunden hat.

St.-Blasii-Kirche

Die heutige dreischiffige Hallenkirche entstand 1487 bis 1490 in spätgotischem Stil. Ihre achteckigen Türme machen besonders auf sich aufmerksam: Nicht nur, daß sie unterschiedlich hoch sind (in den kürzeren schlug 1634 der Blitz ein), der höhere Turm ist auch noch schief. Von der Innenausstattung seien die Kanzel (1492), der Taufstein (1591) und das Kruzifix (um 1500) erwähnt.

Ältestes Fachwerkhaus

In der Altendorfer Kirchgasse 3 steht das älteste Fachwerkhaus der Stadt. Es stammt aus der Zeit um 1370. Als Ständerbau errichtet, offenbart zumindest noch die Rückfront des Hauses das urwüchsige Balkenwerk aus Ständern, Streben, Riegeln und Knaggen.

Altendorfer Kirche

1697 erhielt die im 13./14. Jahrhundert als Klosterkirche des Zisterzienserklosters Altendorf gebaute Kirche ihr heutiges Aussehen.

Frauenberger Kirche

Die ehemalige Kirche des Frauenberger Klosters liegt unterhalb des Petersberges. Von der stattlichen kreuzförmigen, dreischiffigen Basilika der Romanik blieben nach der Zerstörung 1945 lediglich Chorraum und Querschiff erhalten. Das Kloster ging restlos verloren.

Turm von St. Petri

Er prägt das Stadtbild mit und ist einziges Überbleibsel der 1220 erstmals erwähnten Kirche St. Petri auf dem Petersberg.

Stadtbefestigung

Noch ungefähr 1 600 Meter alte Stadtmauer bewahrt Nordhausen, so beispielsweise am Petersberg, wo noch der 1480 als Bollwerk errichtete Judenturm steht. Zur Befestigung zählten damals u.a. vier Haupttore, 24 Schalentürme und die Mauern um Neustadt.

Meyenburg-Museum

Die 1901 erbaute "Beckersche Villa" (Alexander-Puschkin-Straße 31) beherbergt das Stadtgeschichte-Museum und bietet von seinem Turm einen wunderbaren Blick auf die Stadt und die Gebirge der Umgebung.

Osterode

Osterode liegt am Eingang von Söse- und Lerbachtal. Zu Osterode gehören verwaltungspolitisch die Erholungsorte Lerbach und Riefensbeek-Kamschlacken.

Eine Erfurter Chronik von 1152 nennt erstmals den Ort Osterode, der bereits 1293 das Goslarer Stadtrecht erhielt. Als sich die Welfenherrschaft teilte, fiel Osterode an das Haus Grubenhagen und entwickelte sich bis 1596 zu einem bedeutenden Handelszentrum. Verheerende Folgen hatten der Brand 1545, der Dreißigjährige Krieg und die Pest von 1625/27. Ab 1665 gehörte Osterode zum Kurfürstentum des Hauses Lüneburg. In der zweiten Hälfte des 18. Jahrhunderts etablierten sich neben den traditionellen Betrieben der Leineweber, Gerber, Schuhmacher und Schneider die Tuchmanufakturen, die 1793 zum wichtigsten Erwerbszweig wurden. Metallverarbeitende Industrie und die Wollwarenindustrie entwickelten sich. 1866 wurde Osterode preußisch.

Historisches Rathaus

Es entstand 1552 anstelle des alten, vermutlich im 14. Jahrhundert erbauten und 1545 verbrannten Hauses. Über zwei Geschossen aus Stein erhebt sich ein breites Satteldach. Ein fünfseitiger Erker teilt den Giebel, der aus reichgeschnitztem Fachwerk besteht, was aber seit dem 18. Jahrhundert hinter Schiefer verborgen bleibt.

Ratswaage

Sie wurde 1550 mit hochgezogenem Giebel und Sonnenrosenschmuck gebaut und diente als Hochzeitshaus und Posthalterei sowie Kulturstätte. Ein Brand im Dezember 1969 zerstörte das Bauwerk, von dem lediglich die Fassade mit leichtverändertem Giebel nachgebaut wurde.

Marktkirche St. Aegidien

Zwischen Rathaus und Kornmarkt erhebt sich die aus dem Mittelalter stammende Marktkirche mit ihrem breiten Westturm. 1545 zum größten Teil niedergebrannt, waren das Kirchenschiff 1551 und der Westturm 1578/79 wiederhergestellt. Zur Ausstattung des Emporensaals gehören die holzgeschnitzte Taufe (1589) und das frühbarocke Altarretabel (1660).

Marienkirche

Sie steht in der sogenannten Marienvorstadt und wurde erstmals 1233 urkundlich erwähnt. Diverse Erneuerungsarbeiten ließen der von einer Mauer umgebenen Dorfkirche ihren Charakter. Sie besitzt einen von B. Kastrop 1513 geschaffenen Schnitzaltar.

Schloßkirche St. Jacobi

Sie diente dem hier im 13. Jahrhundert gegründeten Zisterzienserkloster. Nach der Reformation baute man 1561 die Klosteranlagen zum Schloß um und erhielt St. Jacobi als Schloßkirche. Grundlegende Umbauarbeiten 1751/52 gaben ihr die jetzige Gestalt. In der Kirche sind eine Mosesfigur (um 1600), ein Taufstein (12. Jahrhundert) sowie der im 17. Jahrhundert unter Verwendung älterer Flügel errichtete Altar sehenswert.

“Alte” Burg

Nordöstlich der Altstadt erhebt sich auf einem Bergsporn die Ruine des Bergfrieds der 1153 erstmals genannten Reichsburg. Die östliche Hälfte des Bergfrieds hat noch eine Höhe von 34,5 Metern.

Freizeit

Osterode bietet u.a. ein Hallen- und ein Freibad, Tennis- und Spielplätze, eine Reitanlage, einen Fischereilehrpfad und eine Wildvogelstation.

Quedlinburg

Schon um 500 sollen hier die Duren (Thüringer) gesiedelt haben. Umfassende Grabungen brachten u. a. Mauerreste aus merowingischer Zeit (482-714) zutage. Wahrscheinlich gehören sie zu einem Wirtschaftshof, der an der Stelle der Wipertikrypta stand und dem thüringischen Adligen Quitilo gehörte. Vermutlich diente dieser Platz Heinrich I. als Königshof. Er schenkte 929 seiner Frau Mathilde den Quedlinburger Besitz und ließ auf dem Sandsteinfelsen nördlich des Hofes eine Burg bauen.

Der erste deutsche Herrscher aus dem Sachsenvolke hatte sich bereits vorher gern in Quedlinburg aufgehalten. Er wurde hier 936 bestattet.

Der Burgberg diente weiter als Pfalz, gleichzeitig aber gründete hier die Königinwitwe Mathilde ein Frauenstift für die Töchter des Hochadels. Otto I. stattete es reich aus und stellte es unter kaiserlichen Schutz. Bis in die Mitte des 12. Jahrhunderts hinein fanden in Quedlinburg Reichstage und große Versammlungen statt.

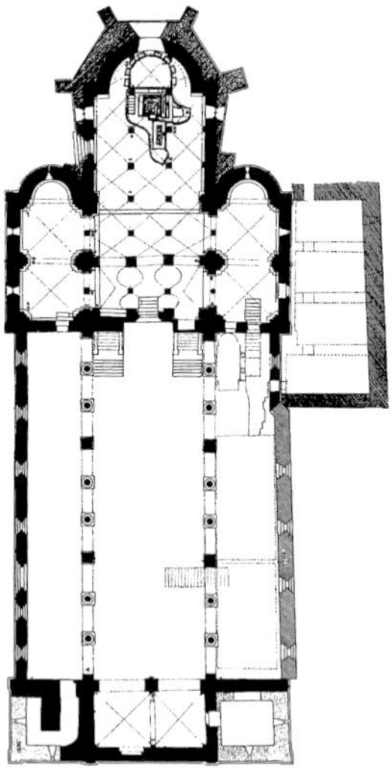

1229 bildete sich der erste Rat der Stadt unter den Bürgern. Wenige Jahre später entstand die Neustadt, die sich mit der Altstadt schließlich 1330 vereinte.

Im 30jährigen Krieg war Quedlinburg bevorzugter Ort für Einquartierung und Plünderung. 1698 fiel die Stadt an Brandenburg, 1803 an Preußen, von 1807 bis 1813 an das Königreich Westfalen.

Als eines der größten Flächendenkmale steht Quedlinburg seit 1994 auf der Weltkultur- und Naturerbeliste der UNESCO. Anlaß dazu gab der kunsthistorische Wert der Stadt als einmaliges städtebauliches Denkmal, mit seinem Schloßberg und der Stiftskirche mit Domschatz sowie den über 1 200 Fachwerkhäusern aus sechs Jahrhunderten. Das 1000jährige Quedlinburg bewahrt den Grundriß einer mittelalterlichen Stadt mit ihrem ursprünglichen Straßenverlauf.

Stiftskirche St. Servatii

Nach bisherigen Erkenntnissen besitzt der heutige Kirchenbau drei Vorgänger: um 850 die Heinrichskapelle, nach 936 die erste Damenstiftskirche und die 1021 geweihte Basilika mit der eingebauten Wegekapelle St. Nicolai in vinculis.

Das vierte Bauwerk, eine kreuzförmige, flachgedeckte Basilika (1129 geweiht), blieb in seinen wesentlichen Formen bis heute erhalten. Das Langhaus gliedert sich in neun Arkaden mit niedersächsischem Stützenwechsel (Pfeiler-Säule-Säule-Pfeiler). Die Würfelkapitelle der Säulen sind mit Reliefs reichverziert, Tiergestalten (häufig Adler), Rosetten, Blattwerk, Palmetten, Masken, Fabelwesen und Dämonen. Das Hauptportal in der Langhaus-Nordwand ist vermutlich das älteste deutsche Säulenportal.

Zum Hohen Chor und ins Querhaus führen breite Steintreppen, zwischen denen der Zugang zur dreischiffigen romanischen Krypta mit ebenfalls hervorragendem Säulenschmuck liegt. Ihre Kreuzgratgewölbe bewahren großflächige Reste einer Ausmalung (um 1200 ?) in Fresko-Technik mit biblischen Szenen. An der Südwand der Krypta erinnern Grabsteine, teilweise wertvolle romanische Stuck-Skulpturen, an die ersten Äbtissinnen. Im Ostteil der Krypta befindet sich die Confessio (spätestens 968). Vor ihr sieht man in die Gruft Heinrichs I., südlich daneben steht der Steinsarg der Königin.

Den westlichen Abschluß der Kirche bildet eine Zweiturmanlage. Seit 1170 befindet sich im nördlichen Querhaus der Zitter (Schatzkammer). Die Schatzkammer von St. Servatius bewahrt den berühmten Quedlinburger Domschatz. Zu den Kostbarkeiten gehören u.a. das Adelheidevangeliar mit byzantinischem Elfenbeinrelief (10. Jh), der Servatiusstab mit Goldblech, Goldfiligran und Resten von Purpurseide (um 1000), eine syrische Amphora aus bunt geädertem Alabaster (6. Jh ?), ein Reliquienschrein Heinrichs I. (9./10. Jh), ein Prunkkamm sowie ein Flakon aus Bergkristall in Silber gefaßt (Byzanz/10.Jh). Kostbar sind die Reste eines Knüpfteppichs (um 1200), des ältesten bekannten Bildteppichs europäischer Knüpftechnik.

Schloß Quedlinburg

Aus der mittelalterlichen Burg entstand im 15. und 16. Jahrhundert das dreiflüglige Renaissanceschloß. Es fiel nach Auflösung des Stifts an den preußischen Staat. Napoleons Bruder Jérome verkaufte kurz vor dem Ende seiner Herrschaft das gesamte Inventar. Seit 1929 besteht im Schloß ein Museum, das anschaulich Regionalgeschichte vermittelt. Zu besichtigen sind Bäckerei und Stiftsküche sowie Repräsentations- und Wohnräume mit Stuckdecken, Seidentapeten und eigenwillig gemusterten Parkettfußböden.

Wipertikirche

Zu den ältesten noch bestehenden Quedlinburger Sakralbauten gehört die Wipertikirche, die im 10. Jahrhundert zu einem Kanonikerstift gehörte. Vermutlich wurde ein provisorischer Saalbau bald von einer kreuzförmigen Basilika abgelöst, der man 1020 eine Krypta einbaute. Der Umwandlung des Stifts in ein Prämonstratenserkloster 1148 folgte ein Kirchen-Neubau. Er behielt die Krypta und den Chor des Vorgängers. Heute ist die Wipertikirche eine langgestreckte Pfeilerbasilika ohne Querschiff.

Die unter dem Chor liegende romanische Krypta entstand unter Verwendung alter Grabsteine, teils mit Ritzzeichnungen. Ihre schmalen Seitenschiffe legen sich wie ein Umgang um das Mittelschiff. Zwischen den Schiffen wechseln schmucklose Säulen und Pfeiler mit attischen Basen und Pilzkapitellen. Das Mittelschiff schließt gen Osten in einer Apsis. Das Sanktuarium über der Krypta bewahrt bis in Höhe des heutigen Chorfußbodens Wände und Chorvorlagen aus dem 10. Jahrhundert.

Das Langhaus entstammt hauptsächlich dem Neubau nach 1148. Im 13. Jahrhundert wurde das Mittelschiff nach Westen verlängert. Die Seitenschiffe entstanden im gotischen Stil neu. An die Nordseite des Langhauses schließt sich ein Chornebenraum aus dem 12. Jahrhundert an. Das romanische Portal in der Südwand des Langhauses ist Überbleibsel der zerstörten Klosterkirche St. Maria auf dem Münzenberg. Das zweistufige Rundbogenportal besitzt schwere Archivolten, die mit Schiffskehlen enden. Das Tympanon zeigt die thronende Maria mit Kind und seitlich je eine weibliche Person. Reich an Dekor präsentieren sich zudem die Kelchblockkapitelle der tragenden Säulen.

Schloß und Stiftskirche St. Servatii in Quedlinburg

Finkenherd

Ständerbau

Zur Ausstattung der Wipertikirche gehören u. a. eine Sandsteintaufe (um 1300), ein geschnitzter Altar (1485).

Blasiikirche

Als Kirche des Dorfes Quitlingen, einem Siedlungskern Quedlinburgs, bestand St. Blasii bereits um 1000. Aus dieser Zeit stammt der Westquerturm. Auf seinem spätromanischen Glockengeschoß sitzen gotische Zwillingshelme. Kirchenschiff und Chor wurden 1713 bis 1715 neu angebaut und einheitlich barock ausgestattet. Ein Gemälde in der Mitte des stukkierten Muldengewölbes zeigt die Heiligen Blasius und Servatius. Prunkstück der Ausstattung ist der Kanzelaltar, der als stark farbige Architekturkulisse in Erscheinung tritt.

St. Benediktii (Marktkirche)

Vermutlich existierte bereits um 1000 eine Kirche, die um 1230 einem romanischen Neubau weichen mußte. Allerdings war die Kirche bald zu klein, so daß im 14. Jahrhundert ein hoher gewölbter Chor hochgotischen Stils und bis zum Ende des 15. Jahrhunderts das dreischiffige Langhaus als spätgotische Halle entstanden. Der verbliebene Westbau erhielt neue Türme.

Bemerkenswert sind im Inneren u.a. der geschnitzte Hochaltar (1700 geweiht), der spätgotische Flügelaltar mit Pietá, die kunstvoll beschnitzte Kanzel und der barocke Taufstein.

St. Nikolai

Einem kleinen Kirchlein folgte um 1150 der romanische Neubau für die Ackerbürger der Neustadt. Über die Jahrhunderte wurde das Gotteshaus ständig erweitert, so daß es verschiedene Stilrichtungen in sich vereint. Der Westbau mit den 72 Meter hohen Türmen wurde spätromanisch begonnen und rein gotisch vollendet. Im 14. und 15. Jahrhundert baute man die Basilika zu einer Hallenkirche um.

Reste der einst reichen Innenausstattung sind

mit dem barocken Hochaltar (1712) und der qualitätvollen, hölzernen Kanzel zu sehen. Der spätromanische Taufstein (Ende 12. Jahrhundert) soll aus der Dorfkirche Groß-Orden stammen.

Rathaus

Erwähnt wird 1310 an der Stelle des heutigen Rathauses ein "domus consulum", 1441 ein "radhus". Es beherbergte den Sitz des Rates der Stadt, das Gericht und das Gefängnis. Im Rathaus fanden auch allerhand Feiern, Festessen und Hochzeiten statt.

Das Gebäude besteht in der heutigen Form erst seit 1616, nachdem man es aufwendig und grundlegend umgebaut hatte. Mit der breiten, grünbewachsenen und blumenbesetzten Fassade und besonders mit dem prunkvollen Spätrenaissance-Portal, über dem Abundantia mit ihrem Füllhorn den Besucher begrüßt, ist das Rathaus der Blickfang des Marktplatzes. Im Inneren beeindrucken die großen, bleiverglasten Fenster und die sechs Wandgemälde mit Szenen aus Quedlinburgs Geschichte.

Roland (Foto)

An der linken Frontseite des Rathauses steht mit 2,75 Metern einer der kleinsten Rolande Deutschlands. Er wurde 1427 als Zeichen eigener Gerichtsbarkeit und zum symbolischen Schutz der Bürger auf dem Marktplatz aufgestellt und bereits 1477 bei Auseinandersetzungen mit Äbtissin Hedwig gestürzt und beschädigt. Erst 1869 stellte man ihn - inzwischen sorgfältig restauriert - wieder auf.

Ständerbau

Das älteste Haus der Stadt und vermutlich auch das älteste Fachwerkhaus Deutschlands steht in der Wordgasse. Der Hochständerbau stammt aus dem 14. Jahrhundert und dokumentiert die einfachste Form des Fachwerks aus den Anfangszeiten dieser Architekturform. Die tragenden Balken verlaufen durchgehend von der Bodenschwelle bis zum Dach, was an dem Quedlinburger Ständerbau sehr gut zu sehen ist. Bis 1965 war das völlig unzureichend ausgestattete Haus bewohnt. Seit 1976 befindet sich hier ein Fachwerkmuseum.

Quedlinburger Fachwerk

Eine gute Adresse für Freunde des Fachwerks ist das Gebiet Hölle/Pölle/Stieg westlich vom Rathaus. In diesen drei verwinkelten Gassen finden sich zahlreiche, teils von polnischen Experten fachgerecht restaurierte Fachwerkhäuser der unterschiedlichsten Stilrichtungen. Hier steht der sogenannte "Alte Klopstock" (Stieg 28/29).

Auch die Häuser am Marktkirchhof sind Zeitzeugen der Entwicklung des Fachwerkbaus von der Gotik an. Am reichverzierten Schneemelcherhaus in der Marktstraße 5 weisen fast alle Holzteile Ornamente auf.

Finkenherd

Wer von der Altstadt aus zum Schloß hinauf läuft, kommt am Finkenherd vorbei. Eine kleine Tafel erinnert daran, daß man hier dem Sachsen-Herzog Heinrich die Königswürde anbot - ein Ereignis, das jedoch viele deutsche Städte für sich beanspruchen. Die Krone jedenfalls erhielt er in Fritzlar.

Lyonel-Feininger-Galerie

Am Finkenherd befindet sich die Lyonel-Feininger-Galerie mit der europaweit umfangreichsten geschlossenen Sammlung von Grafiken des Künstlers der "Klassischen Moderne". Es handelt sich um Werke, die 1906 bis 1937 entstanden sind, so u. a. das "Selbstbildnis mit Pfeife" (1910) und "Vollersroda I" (1912).

Die Arbeiten Lyonel Feiningers (1871-1956) galten im Dritten Reich als "entartet". Der Künstler ging in die USA zurück, während sein Schüler Hermann Klumpp aus Quedlinburg 50 Ölbilder und zahlreiche Grafiken vor der Vernichtung bewahrte. 1986 eröffnete er die Galerie, die 1993 bis 1997 aufwendig zu einem hochmodernen Ausstellungshaus erweitert wurde.

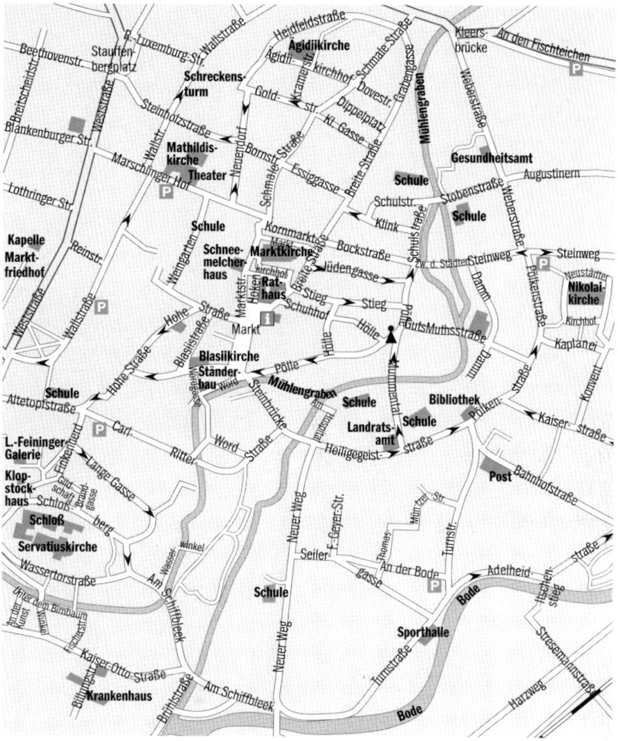

Innenstadtplan Quedlinburg

Klopstock-Haus

Unterhalb des Schlosses steht auf einem kopfsteingepflasterten Platz ein auffälliger großer Fachwerkbau von 1560. Sogenannte toskanische Säulen tragen am Eingang einen zweigeschossigen Erker. Mit seinen geschnitzten Saumschwellen und den Palmetten in den Brüstungsfeldern ist das Haus ein schönes Beispiel für den niedersächsischen Fachwerkstil in Quedlinburg.

Am 2. Juli 1724 wurde Friedrich Gottlieb Klopstock in diesem Haus geboren, wo er auch seine Kindheit und frühe Jugend verlebte. Heute ist in den Räumen ein Memorialmuseum zu Ehren des Dichters untergebracht. Ein Denkmal erinnert seit 1831 im Brühl an den berühmten Sohn der Stadt.

Münzenberg

Viele kleine, dicht aneinandergedrängte Häuser mit zum Teil uralten Dachziegelformen "kleben" förmlich an dem Hügel schräg gegenüber vom Burgberg. Erklärungen für den Namen Münzenberg gibt es mehrere. Eine ist die Ableitung "monasterium in monte" (Kloster auf dem Berge), da hier 984 das Nonnenkloster St. Mariae gestiftet wurde. Aufgeputschte Bauern stürmten und verwüsteten jedoch 1525 die Anlagen. Lediglich Reste der Grundmauern finden sich noch in den Kellern einiger Häuser. Außerdem steht auf dem Berg die bullige, aus rohen Feldsteinen errichtete Esse der alten Klosterbäckerei.

Quedlinburger Fachwerk: der “Alte Klopstock” im Stieg 28/29

Rübeland

Der alte Bergbauort mit etwa 1 600 Einwohnern liegt 360 bis 480 m ü.NN im tief eingeschnittenen Bodetal. Besonders berühmt ist Rübeland durch seine Tropfsteinhöhlen.
Bereits in der Altsteinzeit dienten die Höhlen in der Gegend des heutigen Ortes Rübeland als Unterkunft. Mit der wirtschaftlichen Erschließung des Gebietes entstanden im 9./10. Jahrhundert erste Siedlungen. Neue Technologien führten schließlich im 14. Jahrhundert zu neuen Verhüttungsstätten.
Mit der Entdeckung der Höhlen - Baumannshöhle (1536), Bielshöhle (1672), Hermannshöhle (1866) - entwickelte sich der Tourismus. Ab 1788 von Steiger Becker erschlossen, konnte man 15 Grotten in der von Kristallen und Tropfsteinen reichen Bielshöhle bewundern. Jedoch brachen Beckers Nachfahren alle Tropfsteine ab und verkauften sie. Die Höhle wurde geschlossen.
Zum Ende des 19. Jahrhunderts begann man in Rübeland mit dem Abbau des in großen Mengen vorhandenen Kalksteins hoher Qualität. Die Rübelandbahn löste das Transportproblem, das bis dahin die Nutzung der Vorkommen verhindert hatte. Der umfangreiche Kalksteinabbau führte zu prägnanten Landschaftveränderungen. Noch heute besteht in Rübeland ein Kalkwerk.

Baumannshöhle
Bergmann Friedrich Baumann gilt der Legende nach als Entdecker der Baumannshöhle 1536. Er soll mehrere Tage in der unterirdischen Traumwelt herumgeirrt sein. Von seiner wundersamen Entdeckung konnte er noch berichten, dann starb er. Zahlreiche Funde von Stein- und Knochengeräten belegen, daß bereits vor 50 000 Jahren Menschen in dieser Höhle während der Jagd rasteten. Knochen fand man nicht nur vom Höhlenbären, sondern auch von Wölfen, Auerochsen und Renen.
Heute beeindruckt vor allem der riesige "Goethesaal", eine Grotte in den Abmaßen 60 mal 40 Meter mit glasklarem See und Naturbühne. Theateraufführungen und Konzerte finden hier regelmäßig statt.

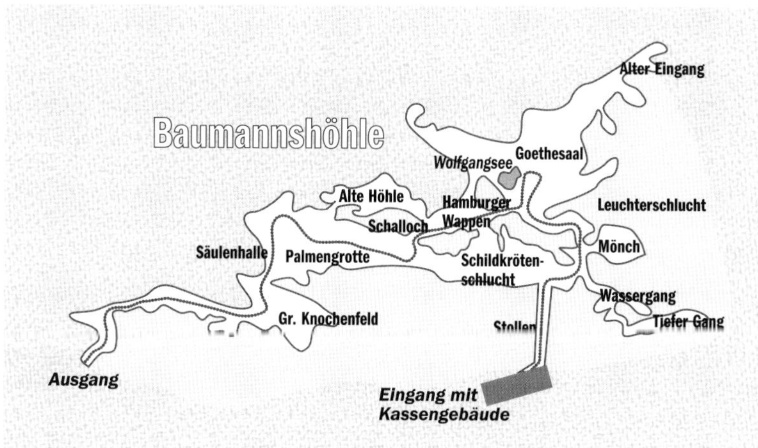

Hermannshöhle
Wilhelm Angerstein entdeckte sie 1866. Ein Jahr später begann Hermann Grotrian, die Höhle wissenschaftlich unter die Lupe zu nehmen, die denn auch seinen Namen trägt.

Zu den Attraktionen in der Hermannshöhle gehören der fließende Höhlenbach, die Kristallkammern und das 1996 aufgebaute Skelett eines Höhlenbären.

Für beide Höhlen charakteristisch sind die Stalagmiten (durch Kalkwassereinwirkung von unten nach oben wachsende Steingebilde) und die Stalagtiten (von oben nach unten wachsend). Im Verlauf von Ewigkeiten kam es vor, daß sich diese Gebilde trafen und sich zu Stalagnaten vereinten. Die tropfenden Steine wachsen in 100 Jahren etwa 3,5 Zentimeter. Die Temperatur beträgt in den Höhlen das ganze Jahr etwa acht Grad Celsius.

Blauer See
Dieser See im Garkenholz, an der Bundesstraße nach Hüttenrode, ist ein Überbleibsel des Kalksteinabbaus an dieser Stelle. Nach dem Zweiten Weltkrieg wurde der Steinbruch Garkenholz stillgelegt. Der hohe Kalkgehalt des eigentlich kristallklaren Wassers sorgt für eine Absorbierung aller Farben mit Ausnahme von Blau. So reflektiert der kleine See das Licht in reizvollem Azurblau.

Schierke

Schierke liegt im Tal der Kalten Bode zwischen 580 und 640 m ü. NN unmittelbar am Fuße des Brockens.

Die Ortsgeschichte beginnt mit der Erschließung von Erzvorkommen im 13. Jahrhundert. Im 19. Jahrhundert stellte man in Schierke Glas her, woran der "Glashüttenweg" erinnert. Schließlich gewann in der zweiten Hälfte des 19. Jahrhunderts der Fremdenverkehr an Bedeutung, so daß in den Jahrzehnten danach Hotels und Wintersportstätten entstanden. Bis 1939 reisten die Aktiven aus ganz Deutschland an, um sich hier bei Wintersportwettkämpfen zu messen. Die ungewöhnlich vielen Hotels und Pensionen blieben während der SED-Herrschaft vorwiegend Parteigrößen und "verdienstvollen Werktätigen" vorbehalten.

Rathaus
Es gehört zu den schönsten Bürgermeisterresidenzen des Oberharzes. Das Haus wurde in den 20er Jahren des 20. Jahrhunderts mit massivem Untergeschoß und farbenprächtigem Fachwerkaufsatz erbaut.

Dorfkirche
Die neugotische Kirche entstand zwischen 1876 und 1881. Als Baumaterial diente Granit. Zur Ausstattung gehört ein gußeiserner Ofen, eine Arbeit der Ilsenburger Hütte. Seine Platten tragen die Jahreszahlen 1569, 1578 und 1616.

Freizeit
Die höher gelegene Umgebung des Ortes gilt als schneesicher und eignet sich hervorragend für den Skilanglauf. An der Kalten Bode befindet sich das Eisstadion.

St. Andreasberg

St. Andreasberg liegt von den sieben Harzer Bergstädten am höchsten, nämlich 600 bis 900 m ü.NN. Der Erzabbau erfolgte in der Gegend schon im 13. Jahrhundert sehr intensiv, nachgewiesen ist seit 1487 der Silberbergbau. 1565 erhielt die Stadt die Bergfreiheit. 1796 wütete ein Stadtbrand, dem viele Fachwerkhäuser zum Opfer fielen.

Grube Samson

Die Grube wurde 1987 von der „American Society of Mechanical Engineers" zum international historischen Maschinenbaudenkmal erklärt. Hier sind die Anlagen über- und untertage im Original erhalten geblieben. Noch bis 1910 hat man in der 1521 eröffneten Grube Silbererz abgebaut.

Das hölzerne Fördergerüst sowie die letzte original erhaltene funktionsfähige Fahrkunst der Welt sind die Besonderheiten im Gaipel, dem Schachtgebäude der Grube Samson. Über die Seiltrift gelangt man zur Radstube des 9 m großen Kehrrades. Stufen führen zur 18 m tiefer gelegenen untertägigen Kunstradstube. Das Wasserrad von 12 m Durchmesser setzte die 1837 installierte Fahrkunst in Betrieb.

Grube Catharina Neufang

Im Tagesstollen der Grube Catharina Neufang, gegenüber den Schachtgebäuden der Grube Samson, sehen Besucher einen riesigen Abbauhohlraum, erleben Arbeit mit Schlägel und Eisen sowie mit einem Bohrhammer. Über eine Leiter gelangt man in den 6 m höher gelegenen „Alten Tagesstollen" zum Ausfahren.

Martinikirche

Der klassizistische Saalbau entstand 1798 in harztypischer Holzbauweise. Die Kirche hat nur eine kleine Glocke; das Hauptgeläut ist im Glockenturm auf dem Glockenberg.

Freizeit

Neben den Kureinrichtungen existieren u. a. Tennishalle und -plätze, Hallenbad, Sommer-Rutschbahn und Wintersportangebote.

Stolberg

Stolberg liegt im Südharz, nordöstlich von Nordhausen und ist eingebettet in die Täler der Großen und der Kleinen Wilde sowie des Thyra- und des Ludetales.

Aus einer kleinen Bergmannssiedlung um das Jahr 1000 hervorgegangen, wurde der Ort erstmals 1157 urkundlich erwähnt. Jedoch wurde in der Umgebung sehr viel früher Eisen, Kupfer, Silber und Gold gewonnen, vermutlich schon um 800.

Um 1200 ließ der Honsteiner Graf Heinrich hier eine Burg errichten. Das Stadtrecht erhielt Stolberg vor 1300. Eine Stadtbefestigung erübrigte sich fast durch die Lage des Ortes, eingeengt in Tälern. Es gab lediglich Stadttore an den Straßenausgängen und am Marktplatz. Bergbau und Leineweberei bestimmten die Entwicklung und brachten Wohlstand. Prachtvolle, mit Schnitzereien verzierte Fachwerkhäuser im Stile der Spätgotik und der Renaissance sind Ausdruck dafür. Der beliebte Ausflugs- und Erholungsort erhielt 1993 den Titel "Historische Europastadt".

Während des Bauernkrieges (1525) wurde der um 1489 in Stolberg geborene Thomas

Blick auf Schloß und Stadtkirche in Stolberg

Müntzer zum Anführer in Thüringen. Zwei Denkmale ehren den Sohn der Stadt, eines in der Grünanlage gegenüber dem Bahnhof, das andere auf dem Marktplatz.

Rathaus

Gleich drei Häuser mußten weichen, damit an ihrer Stelle 1452 mit dem Bau des Rathauses begonnen werden konnte. Auf dem zweigeschossigen, massiven Unterbau erhebt sich das Fachwerk-Obergeschoß, das über Knaggen weit hervorkragt. Im Inneren gibt es keine Treppe. Vom Markt aus gelangt man in den Ratskeller, alle weiteren Räume sind über die breite, steile Treppe zur St. Martini Kirche zu erreichen.

Ursprünglich besaß das Rathaus zwölf Türen (Anzahl der Monate eines Jahres), 52 Fenster (Anzahl der Wochen) und 365 Fensterscheiben (Anzahl der Tage). Das ist heute nicht mehr so. Die kunstvolle Sonnenuhr stammt aus dem Jahr 1724. Felderschmuck über den Erdgeschoßfenstern ziert seit dem 19. Jahrhundert die Fassade. Auch nach der jüngsten aufwendigen Restaurierung bis Sommer 2001 verweisen die Darstellungen auf das reiche Zunftleben in dem Harztal.

Saigerturm

Der Rundturm gegenüber dem Rathaus steht seit dem 13. Jahrhundert hier und ist der einzig erhalten gebliebene Schutzturm des Ortskerns. Der Name des Turms erinnert an die früher benachbarte Schmelzhütte, in der das Erzmaterial "geseigert", also das Erz aus der Verbindung gelöst wurde.

Heimatmuseum

Das prachtvolle Fachwerkhaus in der Niedergasse 19 wurde 1535 erbaut. Es besticht durch seine Schönheit, erzeugt von qualitätvoll ausgeführten Fächerrosetten, Balkenschildern, geschmückten Knaggen, eingefaßten doppelten Schiffskehlen, dem Flechtband und nicht zuletzt dem fünfseitigen Erker über dem Portal. Das Haus beherbergte die Münze der Stadt und diente später als Sitz des fürstlichen Konsistoriums, des Berglehnsamtes sowie des Amtsgerichts. Heute befindet sich hier das Heimatmuseum. Die im Erdgeschoß gezeigte historische Münzwerkstatt besteht aus Geräten des 14. bis 18. Jahrhunderts. In den Stockwerken darüber erhält der Besucher Aufschluß über Ortsgeschichte, Bergbau, Natur und Handwerk in und um Stolberg. Ein Raum ist Thomas Müntzer gewidmet.

"Altes Bürgerhaus"

Das Museum in der Rittergasse 14 gehört zu den ältesten erhaltenen Häusern der Stadt. Um 1450 wurde das einfache Haus mit rustikal-kräftiger Fachwerkkonstruktion erbaut. Das Obergeschoß und auch das Dach kragen jeweils über Knaggen weit vor.

Schloß

Vermutlich stand bereits im 10. Jahrhundert eine Burg auf diesem Bergsporn. 1210 ist ein Graf von Stolberg genannt. Die mittelalterliche Anlage des 13. und 14. Jahrhunderts ist in ihren Grundzügen - der quadratischen Kernburg mit drei Toren und der sich daran anschließenden dreieckigen Vorburg - noch heute erkennbar. Größere Umbauten im 16. und 17. Jahrhundert ließen die alte Kernburg zur heutigen Anlage im Renaissance-Stil werden. 1539 bis 1547 entstanden der Südwest- und der Nordostflügel. Zur gleichen Zeit baute man das Erdgeschoß des rechteckigen Wohnturms zur Schloßkapelle um, unter der das Burgverlies lag. In den Jahren 1690 bis 1700 erhielt das Schloß den

Das Josephskreuz auf dem Auerberg

letzten Schliff. Der neue, barocke Südostflügel verband nun die beiden älteren Flügel. Ebenfalls aus dieser Zeit stammen die geschwungenen barokken Turmhauben. Die vielen Räume haben üppig gestaltete Stuckdekken. Karl Friedrich Schinkel lieferte die Pläne für die dekorative Ausgestaltung und die Möbelausstattung.

Zu DDR-Zeiten diente das Schloß als Ferienheim. Jüngere Pläne, die Anlage zu einem Hotel auszubauen, blieben bisher unrealisiert.

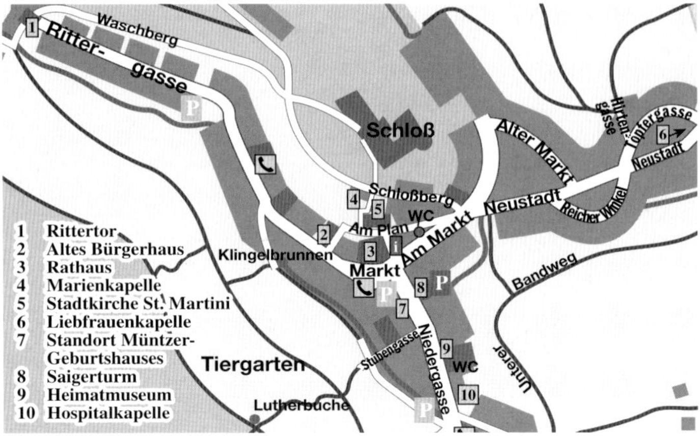

Innenstadtplan Stolberg

St. Martini Kirche

Von der kleinen romanischen Kirche des 12. Jahrhunderts blieben der untere Teil des Westturmes erhalten. In der zweiten Hälfte des 13. Jahrhunderts war der Bau eines größeren Gotteshauses nötig geworden. Es entstand eine dreischiffige Basilika. Der Chor und die Außenwände des Langhauses mit verstärkenden Strebepfeilern sowie die bemalten Holzdecken und die mit einem Sterngewölbe geschmückte Sakristei sind das Ergebnis der zweiten Bauperiode 1463 bis 1490. Die Barockorgel von J. G. Papenius kam 1701 bis 1703 in die Kirche.

Rittertor

Es hat als einziges der vier Stadttore die Jahrhunderte überdauert. Bereits vor 1300 vorhanden, stürzte das aus Bruchsteinen gemauerte Bauwerk zweimal ein und mußte schließlich 1640 ganz erneuert werden.

Thomas Müntzer

Sein Geburtshaus stand in der Niedergasse 2, brannte aber 1851 nieder. Das jetzt dort stehende Haus trägt eine Gedenktafel und im Türbalken die eingeschnitzte Inschrift "Hic natus Thomas Muenzer". Vier eichene Ecksäulen mit fast lebensgroßen Heiligenskulpturen blieben vom Geburtshaus erhalten und gehören heute zum Fundus des Heimatmuseums. Von ihnen wurden für das Denkmal am Markt Abgüsse hergestellt.

Josephskreuz

Das größte eiserne Doppelkreuz der Welt steht auf dem vier Kilometer von Stolberg entfernten Großen Auerberg (579 m). Ungefähr 100 000 Nieten halten das 38 Meter hohe und etwa 123 Tonnen schwere Bauwerk zusammen, das als Aussichtsturm in Form eines vierarmigen Kreuzes dient.

Der Vorgänger der heutigen Eisenkonstruktion war ein gotisches Doppelkreuz aus Holz von 22 Metern Höhe. Nach Entwürfen von Karl Friedrich Schinkel entstand es 1832 bis 1834, wurde aber 1880 vom Blitz getroffen und brannte nieder.

Freizeit

Stolberg besitzt ein Waldbad, ein Hallen-Freizeitbad, eine Kneipp-Wassertretanlage und im Winter gespurte Loipen.

Straßberg

Straßberg liegt am südlichsten Knick des Selketals in 360 bis 430 m ü. NN.
Erstmals als Strazberk (Straße am Berge) 1194 erwähnt, blickt der Ort auf eine 600jährige Bergbautradition zurück. 1438 war die erste Silbergrube in Betrieb. Im 17. und 18. Jahrhundert entstanden Wassergräben und Kunstteiche, um so die Wasserkraft für den Bergbau auszunutzen. Ab 1889 wurde Flußspat gefördert, und das 100 Jahre ununterbrochen. Inzwischen ist der Bergbau eingestellt.

Grube Glasebach

Die seit 1991 zum Bergwerksmuseum ausgebaute Grube lädt ein zur Besichtigung von Schwingkünsten untertage, zur Fahrt mit der Grubenbahn übertage und präsentiert Bergbautechnik des Straßberger Reviers.

Bergbaulehrpfad

Er führt in das Flächendenkmal "Unterharzer Teich- und Grabensystem" mit seinen Schlägel- und Eisenarbeiten, Pingen, Halden und dem wasserführenden Rieschengraben.

Christophoruskirche

Sie entstand zwischen 1733 und 1744. Die 1740 aufgestellten Statuen der Apostel Petrus und Paulus fanden später immer wieder als "Kanzelaltar mit Schnitzfiguren" Beachtung.

Talsperrensystem

Der Harz verfügt über ein ausgeprägtes System von zahlreichen Talsperren. Sie sind heute, obwohl meist jüngeren Datums, fester Bestandteil des geschlossenen Natur- und Kulturraumes Harz und aus der bergigen, von vielen Wasserläufen durchschnittenen Landschaft nicht mehr wegzudenken.
In erster Linie dienen die Staumauern und die mit ihnen künstlich geschaffenen Seen der Schmelzwasserregulierung (Hochwasserschutz) sowie der Trinkwassergewinnung. Einige sollen an dieser Stelle genannt sein.
Die **Rappbodetalsperre** besitzt den größten Stausee im Harz. Er ist etwa acht Kilometer lang und faßt bis zu 109 Millionen Kubikmeter Wasser. Die 415 Meter breite Staumauer ist mit ihrer Höhe von 106 Metern die höchste Staumauer Deutschlands. Sie bildet den Abschluß des Stausystems der Bode. Hier vereinen sich die Warme und die Kalte Bode sowie die Rappbode aus den verschiedenen Richtungen, vor allem aus der Brockenregion.
Mit der Umsetzung der noch aus dem 19. Jahrhundert stammenden Idee eines Bodetalsperrensystems begann man 1936. Während des Krieges lag das Projekt auf Eis, bis es zwischen 1952 und 1959 vollendet wurde. Abgesehen vom Teilstausee der Wendefurther Mauer dient das Bodesystem neben dem Hochwasserschutz vor allem der Trinkwasserversorgung und unterliegt strengen Schutzbestimmungen. Auf dem Stausee bei Wendefurth kann man hingegen sogar Ruderboote ausleihen.
Die mit 750 Metern längste Staumauer kann die **Innerste-Talsperre** aufweisen. Sie liegt westlich von Wolfshagen an der Verbindung Langelsheim-Lautenthal. Trotz beacht-

licher Länge mißt die Mauer in der Höhe nur 32 Meter. Dahinter staut sich ein immerhin fünf Kilometer langer See. Auf ihm ist Wassersport erlaubt, Motorboote sind verboten. Der jüngste Harzer Stausee ist der der **Granetalsperre**, die 1966-69 erbaut wurde. Da dieser See vor allem der Trinkwassergewinnung dient, ist Wassersport hier strengstens verboten. Die Staumauer hat eine Länge von 600 und eine Höhe von 61 Metern.
Der am höchsten gelegene Stausee im Harz gehört zur **Eckertalsperre** mit einem Fassungsvermögen von nur 13 Millionen Kubikmetern. Sie wurde bereits 1943 fertiggestellt und liefert Trinkwasser.
In nur drei Jahren entstand bis 1933 die **Odertalsperre**, hinter der sich ein sechs Kilometer langer See von bis zu 30 Millionen Kubikmetern Wasser aufstaut. Da man hier die Kraft des Wassers für die Elektrizitätsgewinnung nutzt, ist Wassersport erlaubt. Ähnlich wie der Rappbodestausee ist auch der See der **Okertalsperre** mehrfach verzweigt. Neben dem Schutz vor Hochwasser, das früher beinahe jährlich zu großen Schäden im Harz geführt hatte, dienen auch hier die Wassermassen (bis zu 47 Millionen Kubikmeter) der Stromversorgung. Die Staumauer ist 67 Meter hoch und 260 Meter breit. In unmittelbarer Nähe des Sees liegt der Romkerhaller Wasserfall.
Für die Petrijünger unter den Wassersportfreunden dürfte der **Sösestausee** interessant sein, wo lediglich Angeln erlaubt ist.

Teufelsmauer

Die Teufelsmauer (Titelfoto) zählt zu den ältesten Naturschutzgebieten Deutschlands. Das Mini-Gebirge aus Sandstein erstreckt sich von Blankenburg nach Timmenrode sichtbar über der Erdoberfläche. Hier verschwindet die Felswand im Erdreich und erstreckt sich unter Tage weiter bis Neinstedt, wo sie wieder "auftaucht". Im Neinstedter Gebiet erheben sich die grazilen, hier meist sehr schmalen Felsen in besonders faszinierender Weise steil empor. Über Weddersleben gelangt der Klippenkamm nach Ballenstedt, wo er als sogenannte "Gegensteine" (zwei sich gegenüberliegende hohe Sandsteinfelsen) endet.
Im 19. Jahrhundert entdeckten Wissenschaftler in dem Gestein der Teufelsmauer Skelettreste eines Landsauriers, Abdrücke urzeitlicher Pflanzen und Reste ausgestorbener Meerestiere. Entstanden ist die einmalige Klippenlandschaft als das Bruchschollengebirge Harz seine heutige Gestalt erhielt. Durch den Druck bei der Heraushebung des Harzes und der damit verbundenen Aufrechtstellung der Schichten am Nordharzrand bildeten sich Risse im Sandstein, die durch Kieselsäure gefüllt wurden. So verfestigt, konnten sich diese Gebirgsteile den Abtragungen widersetzen.
Eine Sage beschreibt das allerdings ganz anders: Gott und Teufel wollten ihre Gebiete im Harz abgrenzen. Alles, was der Teufel in einer Nacht ummauern konnte, sollte ihm gehören. Der Teufel beeilte sich, die riesigen Steinblöcke aufeinanderzusetzen. Noch vor Tagesanbruch kam eine Bäuerin mit ihrem Hahn vorbei, der plötzlich krähte. Der Teufel glaubte, die Nacht sei schon vorbei. In seiner Wut darüber, zerschlug er die fast fertige Mauer in Stücke.

Thale

Der Ort Thale, der erst 1922 das Stadtrecht erhielt, findet schon seit 820 im Zusammenhang mit dem Kloster Wendhusen Erwähnung. Die im 11. Jahrhundert als "Dorp to dem Dale" (Dorf im Tal) bezeichnete Siedlung hatte ihr Zentrum in "Unter-Thale", wo heute die ältesten Gebäude der Stadt stehen. Erzvorkommen und Holzreichtum bestimmten die handwerkliche und industrielle Entwicklung. 1686 entstand eine Werkzeug- und Nagelschmiede, aus der das Eisen- und Hüttenwerk Thale hervorging. Hier schmiedete man 1831 die erste eiserne Wagenachse in Deutschland.

Wendhusen-Turm

Er steht in der Unterstadt und ist Überbleibsel des Klosters Wendhusen, das 820/30 gegründet und 1184 in ein Augustiner-Chordamenstift umgewandelt wurde. Der fünfgeschossige Westriegel ist mit 1193/94 datiert; nach 1550 erhielt er die vier Giebel.

Hexentanzplatz

Er liegt auf einem sich senkrecht aus dem Bodetal erhebenden Felsen (454 m ü. NN). Von Thale aus erreicht man die luftige Höhe mit der 1970 eröffneten *Personenschwebebahn*. In nur vier Minuten legen die Gondeln die 720 Meter lange Fahrstrecke zwischen der Tal- und der Bergstation zurück.

Auf dem Hexentanzplatz wurde 1901 die *Walpurgishalle* erbaut. Das Museum, in dem sich alles um die Sage vom Hexensabbat in der Walpurgisnacht, der Nacht zum 1. Mai, dreht, verfügt über fünf große Wandgemälde von Prof. Hermann Hendrich mit Motiven zu Goethes Walpurgisdichtung. In der Halle steht ein Opferstein aus vorgeschichtlicher Zeit, der 1902 auf dem Hexentanzplatz gefunden wurde.

Als Amphietheater baute Dr. Ernst Wachler das 1903 von ihm gegründete *Harzer Bergtheater* aus. Insgesamt 1400 Besucher finden auf den terrassenförmig angelegten Zuschauerrängen Platz. Der Orchesterraum befindet sich unterhalb der vorderen Reihen.

Roßtrappen-Felsen

Auf den Felsen mit dem sagenumwobenen Hufabdruck gelangt man u.a. per Sessellift vom Bodetal aus. Der Sage nach soll Prinzessin Brunhilde auf einem Riesenroß vor dem ungestümen Ritter Bodo geflohen sein, bis plötzlich vor ihr das tiefe Tal eines reißenden Gebirgsstromes auftauchte. Brunhilde wagte den gewaltigen Sprung über den Abgrund. Ein tiefer Eindruck des Pferdehufes auf dem Gipfel des Felsens kündet vom gelungenen Wagnis. Bodo hingegen stürzte in die Tiefe und versank in den Fluten des Flusses, den man seither Bode nennt.

Bodetal

1937 wurde das von waldbedeckten Felswänden und kahlen Hanghalden eingeschlossene enge Tal zwischen Thale und Treseburg zum Naturschutzgebiet erklärt, in dem es schon zu der Zeit eine Fülle von Naturschönheiten sowie seltene Pflanzen und Tiere zu bewahren galt. Auf der etwa zehn Kilometer langen Wanderung durch das Naturschutzgebiet kann man Traubeneichen, Sommer- und Winterlinden, Ulmen, Bergahorn und Eiben sehen. Zum Bestand gehören auch seltene Arten wie Alpenaster, Rasensteinbrech, Hirschzunge und verschiedene Farne. Hier leben Rotwild, Fledermäuse, Feuersalamander, Wildkatzen, Wasseramseln und Mauersegler.

Auf dem Weg durch das Tal von Thale aus kommt man zum sogenannten *Goethefel-*

Der Roßtrappenfelsen im Bodetal bei Thale

sen, der des Dichters Satz bewahrt: "Der Geist, aus dem wir handeln, ist das Höchste". Goethe weilte 1783 in der Gegend.
In der Nähe befindet sich eine besonders tiefe Stelle im Fluß, der *Kronensumpf*. Die vor dem Ritter Bodo fliehende Königstochter Brunhilde verlor beim Sprung über die Schlucht des Tales ihre Krone. Bodo, dem der Sprung mißglückte und der in die Tiefe stürzte, muß nun - als zottiger Hund verwandelt - die Krone bewachen. So zumindest weiß es die Roßtrappensage. Eine andere hingegen berichtet, daß die Krone im *Bodekessel* liegt, der sich unmittelbar hinter der *Teufelsbrücke* befindet. Den einzigartigen Talabschluß umgeben 200 Meter hohe Granitfelsen mit Auswaschkehlen und sogenannten Strudeltöpfen. Hier stürzt die Bode in einen fünf Meter tiefen Felsenkessel. Eine in Fels geschlagene, steile Treppe führt zum *Kesselrücken*, von dem man in den Bodekessel und zur Roßtrappe blicken kann.

Torfhaus

Mit 812 m ü. NN ist Torfhaus die höchstgelegene Siedlung des Harzes. Die erste kleine Hütte, die als notdürftiger Unterschlupf für die wenigen Torfstecher diente, wurde 1573 errichtet. Im 30jährigen Krieg niedergebrannt, fand die Hütte erst 1713 einen Nachfolger im "Borkenkrug", der seinen Namen dem eigenwilligen Baumaterial (Tannenrinde, also Borke) verdanken soll. Durch das Aufblühen der Torfstecherei bürgerte sich der Name Torfhaus ein. Neue Bedeutung erhielt der Flecken lange nach dem Ende der Torf-Ära: Ab 1. September 1842 verkehrte eine Postkutsche quer über den Harz von Harzburg nach Nordhausen, mit Zwischenstation am Torfhaus. 1910 entstand am Torfhaus das erste, zehn Jahre später das zweite Hotel. Kurz darauf bauten hier mehrere Vereine und Organisationen Heime. Es folgten einige private Wohnhäuser. Torfhaus wuchs zur Siedlung heran. Nach dem II. Weltkrieg, dem fast alle Häuser im April 1945 zum Opfer fielen, schleppte sich der Wiederaufbau über Jahre hin. Zu DDR-Zeiten avancierte die Höhe Torfhaus, inzwischen direkt an der Bundesstraße 4 gelegen, zu einer Art Brockenersatz für die Westdeutschen. Die später installierten Sendemasten zur Ausstrahlung der Programme von ARD und ZDF sowie die von hier aus geschlagene Richtfunktelefonbrücke BRD-Berlin (West) verstärkten diesen Eindruck noch.

Nationalpark-Haus

Die zentrale Informationsstelle des Nationalparks Harz bietet eine Ausstellung mit Dia-Ton-Show und Souvenirs an. Hier können Wanderungen mit Nationalpark-Rangern gebucht werden.

Walkenried

Am Südrand des Harzes, unmittelbar an der niedersächsisch-thüringischen Grenze, liegt der staatlich anerkannte Luftkurort, 280 bis 350 m ü. NN.

Die Geschichte des kleinen Ortes beginnt mit dem ehemaligen Kloster, aus dem die Gemeinde hervorging. Als drittes deutsches Zisterzienserkloster errichtet, ist es das älteste von Niedersachsen. Der Einzug des Konvents ins Kloster erfolgte 1129.

Archäologen wiesen Mauerreste und Fundamente der romanischen Klosterkirche und der Klausurbauten nach. Anfang des 13. Jahrhunderts entstand die gotische Klosteranlage, deren dreischiffige, kreuzförmige Basilika 92 Meter lang und 43 Meter breit war. Den östlichen Abschluß bildete ein fünfseitiger Chor. Zu jener Zeit gewannen die Grafen von Honstein immer mehr Einfluß in der Gegend und übten schließlich bis zur Reformationszeit die Schutzvogtei über Walkenried aus.

Der lutherischen Lehre schloß sich das Walkenrieder Kloster, während des Bauernaufstandes verwüstet und geplündert, erst 1546 an. Mit dem Tod des letzten Honsteiner Grafen fiel Walkenried an die Herzöge von Braunschweig-Lüneburg. Der Konvent blieb bis 1648 formal weiter bestehen.

Im 17. und 18. Jahrhundert entwickelte sich dann innerhalb des umfriedeten Klosterbezirks der Ort Walkenried. Immer mehr Hand-

werker, Händler und Bauern siedelten sich an, so daß im 19. Jahrhundert die Grenzen der mittelalterlichen Klosteranlage überschritten wurden und der Ort sich vor allem nach Norden weiter ausweitete.

Kloster

Von der einst das Kloster umgebenden Ringmauer bestehen noch heute zusammenhängende Reste, so auch das im Norden gelegene spätromanische Tor, der Hauptzugang. Wie der Klosterbezirk früher bebaut war, ist im Detail nicht bekannt. Lediglich zwei größere Bereiche heben sich hervor: Im Süden der ehemalige Domänenhof mit seinen langgestreckten Wirtschaftsgebäuden und dem im 19. Jahrhundert entstandenen Pächterwohnhaus sowie das frühere herzogliche Jagdschloß (1725-1727); im Ostteil der geschlossene innere Klosterbezirk mit der Ruine der Klosterkirche, dem Kreuzgang und den teilweise erhaltenen Regularräumen der Klausur. Fachleute sicherten zwischen 1978 und 1983 die Klausurgebäude und auch die Ruine der Klosterkirche (Foto). In einem Teil der Räume finden heute kulturelle Veranstaltungen statt. Während einer knapp einstündigen Führung (Individualbesichtigungen sind nicht möglich) gibt es Informationen zum Kreuzgang, einem der schönsten der Gotik in Norddeutschland. Desweiteren erfährt man etwas über das Brunnenhaus, in dem sich die Mönche vor dem Essen wuschen, über die Sakristei (heute Heizungsraum) sowie über den Kapitelsaal, dem mittelalterlichen Versammlungsraum der Mönche, der nach der Zerstörung der Klosterkirche als kirchliche Stätte diente und heute von der evangelisch-lutherischen Gemeinde genutzt wird. Auch der Durchgangsraum, der Brüdersaal (Arbeits- und Studienraum der Mönche), das Dormitorium (Schlafraum der Mönche) und die Umfassungswände der Abtskapelle geben einen Einblick in das mittelalterliche Klosterleben. Der südliche Klausurflügel zeigt sich heute durch Eingriffe in den letzten drei Jahrhunderten stark entstellt. Der Westflügel wurde bis auf den Westkreuzgang abgerissen.

Von der mittelalterlichen Ausstattung ist kaum etwas geblieben. Und das wenige ist aus dem ursprünglichen Kontext gerissen. Dazu gehören die stark beschädigte, knapp lebensgroße Kalksteinfigur einer sitzenden Madonna mit Jesusknaben, zwei weitere Madonnafiguren, ein steinerner Taufständer, ein hölzernes Prunkepitaph für Ernst VII., dem letzten Honsteiner Grafen, Reste des schlichten eichenen Chorgestühls aus der gotischen Klosterkirche, Grabsteine und Gedenkplatten. Reste von Figureneinritzungen lassen Rittergestalten mit ihren Waffenschilden erkennen. Zwei nachmittelalterliche Kunstwerke sind der Flügelaltar mit bemalten Tafeln und die Holzkanzel.

Im Kreuzgang finden alljährlich von Mai bis Oktober Konzerte statt.

Freizeit

Walkenried besitzt einen Campingplatz mit Hallenbad und Sauna, ein Naturfreibad (Priorteich), einen Naturkurpark mit Freiluftspielen und großem Grillplatz.

Wernigerode

Wernigerode, die "Bunte Stadt am Harz", liegt umgeben von Bergen am Nordharzrand. In der Kreisstadt leben etwa 37 000 Menschen.

Mit Beginn der großen Rodungen schlug Ende des 9. Jahrhunderts auch die Geburtsstunde für Wernigerode. Auf dem Klint, wo heute die Sylvestrikirche steht, fiel damals der erste Baum. Hier entstand eine kleine Missionskirche, gebaut von Mönchen des Klosters Corvey.

1121 kamen die Grafen von Heimar nach Wernigerode und richteten ihre Residenz ein. Es entstand die Burg auf einem Sporn des Agnesberges. Aus der Siedlung entwikkelte sich ein stattlicher Ort mit Handel und Handwerk, dem die Grafen 1229 das Goslarer Stadtrecht verliehen. Der Einfluß des Bürgertums gegenüber den Grafen wuchs stetig, so daß schließlich die Bürger 1279 sogar die Stadtbefestigungen erwarben und fortan den Torzoll kassieren konnten. Mit dem Stadtrecht hatten die Bürger über gewählte Ratsherren auch die Selbstverwaltung erhalten.

Zum Ende des 13. Jahrhunderts siedelten zahlreiche Bauern umliegender Ortschaften nach Wernigerode über. Während Dörfer wie Rimbeck und Hinzingerode verschwanden, entstand vor den Toren Wernigerodes die Neustadt.

Mit dem Aussterben des Wernigeröder Grafengeschlechts ging die Herrschaft an die Stolberger Grafen. Graf Heinrich zu Wernigerode schloß Jahre zuvor mit ihnen eine Allianz, wodurch auch die Wappentiere beider Grafenhäuser fortan vereint waren: der Stolberger schwarze Hirsch und die Wernigeröder Fische (vermutlich Forellen) im geviertelten Wappen. Heinrich erledigte noch etwas vor seinem Tod: 1427 schenkte er großzügig das Spielhaus (heute: Rathaus) samt Grund und Boden der Stadt.

Wernigerode erlebte mehrere verheerende Stadtbrände. Einer der größten brach 1528 aus und legte insgesamt 470 Häuser nieder. Bis zur Mitte des 18. Jahrhunderts sank Wernigerode zu einer mittleren Ackerbürger- und Handwerkerstadt ab. 1822 wurde die Grafschaft in den preußischen Staat eingegliedert.

Um 1900 entwickelte sich der Fremdenverkehr, und auch nach 1945 war die Harzstadt mit ihrem Fachwerkflair bald wieder ein beliebter Urlaubsort. Wurden bereits Anfang des 20. Jahrhunderts die Gemeinden Hasserode (das „Hasseröder"-Bier zählt zu den deutschen Spitzenmarken) und Nöschenrode eingemeindet, gehören nun auch Benzingerode, Silstedt und Minsleben zu Wernigerode.

Schloß Wernigerode

Das hoch über der Stadt thronende Schloß erzielt von allen Seiten aus betrachtet eine majestätische Fernwirkung. Vermutlich entstand die erste Feste am heutigen Standort in den Jahren zwischen 1110 und 1120. Die mittelalterliche Burg und später das Schloß wurden über die Jahrhunderte hinweg mehrmals grundlegend umgebaut. Im 15. Jahrhundert erfolgte der Ausbau der Wehranlagen und damit zugleich eine Vergrößerung der Burg. Mit der Einführung der Feuerwaffen verlor sie jedoch ihre militärische Bedeutung. Von 1672 bis 1676 ließen die Grafen Stolberg-Wernigerode ihr Domizil zum Barockschloß umbauen.

Seine jetzige Gestalt erhielt das Schloß beim

Gotisches Fachwerk-Rathaus

Umbau 1861 bis 1883. Graf Otto zu Stolberg-Wernigerode erfüllte sich den Traum vom prunkvollen Repräsentationsschloß. Optisch sollte es der mittelalterlichen Burg ähneln. Der Graf verpflichtete für die Bauarbeiten den Blankenburger Architekten Carl Frühling. In dieser Zeit entstand z. B. der alles überragende Bergfried. Außerdem wurde im Schloßinnenhof der Neorenaissance-Fachwerkbau mit Holztafeln errichtet, in denen sich Otto mit seiner Familie durch den Hannoveraner Bildhauer Carl Dopmayer verewigen ließ. Die Schloßkirche erhielt ihre heutige Gestalt 1870 bis 1880.

Am 16. April 1949 öffnete das Schloß als Feudalmuseum, das die gesellschaftlichen Gegensätze im Feudalismus zeigen sollte. Nach 1990 wurden die Ausstellungsräume grundlegend umgestaltet und die Präsentation von Originalem in den Mittelpunkt gerückt. Zwei Rundgänge führen durch das Haus. Der untere beginnt in der Schloßkirche und endet mit den rekonstruierten Gemächern des Fürstenpaares. In der oberen Etage zieht vor allem der Festsaal mit gedeckter Tafel und lederbezogenen Originalstühlen, drei riesigen Wandgemälden und der prunkvoll verzierten Kassettendecke die Aufmerksamkeit auf sich.

Rathaus

Der spätgotische prunkvolle Fachwerkbau auf dem Marktplatz zählt unumstritten zu den schönsten deutschen Rathausbauten. 1277 wurde es erstmals als Spielhaus erwähnt, soll jedoch schon vorher als Ding- oder Teidinghaus den Grafen von Wernigerode gedient haben. Bis zum Ausgang des Mittelalters war es herrschaftliches Gemeindehaus und Ort vielfältiger Ereignisse: Im Saal über dem Erdgeschoß befand sich die Schau- und Bühnenstätte, wo fahrende Spielleute dem gaffenden Volk ihre Künste und Gaukeleien vorführten.

Vermutlich zwischen 1427 und 1450 riß man das alte Spielhaus ab und errichtete auf einem als Weinkeller dienenden Kreuzgratgewölbe ein zweigeschossiges Gebäude aus Bruchsteinmauerwerk. Lediglich die Grundformen blieben erhalten. Urkundlich nachweisbar erfolgte der erste Umbau dann in den Jahren 1494 bis 1498. Auf den massiven Unterbau setzte Andreas Sprengel, der anfangs die Arbeiten leitete, ein Fachwerkgeschoß. Den abgewalmten Schaugiebel gestaltete Thomas Hilleborch, auf dessen Konto auch die Erkertürmchen gehen. 1539 bis 1544 ergänzte Hilleborchs Sohn Simon sowohl Gebäude- als auch Fassadengestalt.

33 Holzfiguren schmücken die Seiten und die Front des Hauses. Zu sehen sind Figuren im Karnevaltreiben, Heiligengestalten und Handwerker. Über der spitzbogig aus Eichenpfosten geschnitzten Haupteingangstür befindet sich die Inschrift: Im selben Jahr - Da dieses Haus erbaut - Ist auch noch wahr - Der Spruch aus alter Zeit: Einer acht's - der andere betracht's - der dritte verlacht's - was macht's?

Krummelsches Haus

Gothisches Haus

Es ist nach dem Rathaus das historisch bedeutsamste Gebäude am Marktplatz. Das aus der zweiten Hälfte des 15. Jahrhunderts stammende “grote hus am market” erhielt erst im 19. Jahrhundert seinen heutigen Namen, als man allgemein alte Häuser als “gothisch” bezeichnete.

Ursprünglich der Familie Adenbüttel als Patrizierhaus dienend, erwarb es 1538 Wilhelm Reifenstein d.J., der das Haus prunkvoll ausbauen und mit geschnitzten Figuren versehen ließ. 1854 eröffnete Samuel Erzleben in dem Haus eine Gastwirtschaft. Die starke Brandmauer verhinderte bei den großen Bränden 1528 und 1847 ein Übergreifen der Flammen. Zwischen 1989 und 1992 erhielt die gesamte Westseite des Marktplatzes sein heutiges Aussehen. Alle baufälligen Häuser wurden abgerissen, nur das Gebäude des “Gothischen” blieb als Skelett stehen und wurde restauriert bzw. rekonstruiert.

Wohltäterbrunnen

Der Marktbrunnen steht erst seit 1848. Er wurde in Ilsenburg im Stil der Neugotik gegossen und 1990/91 aufwendig restau-

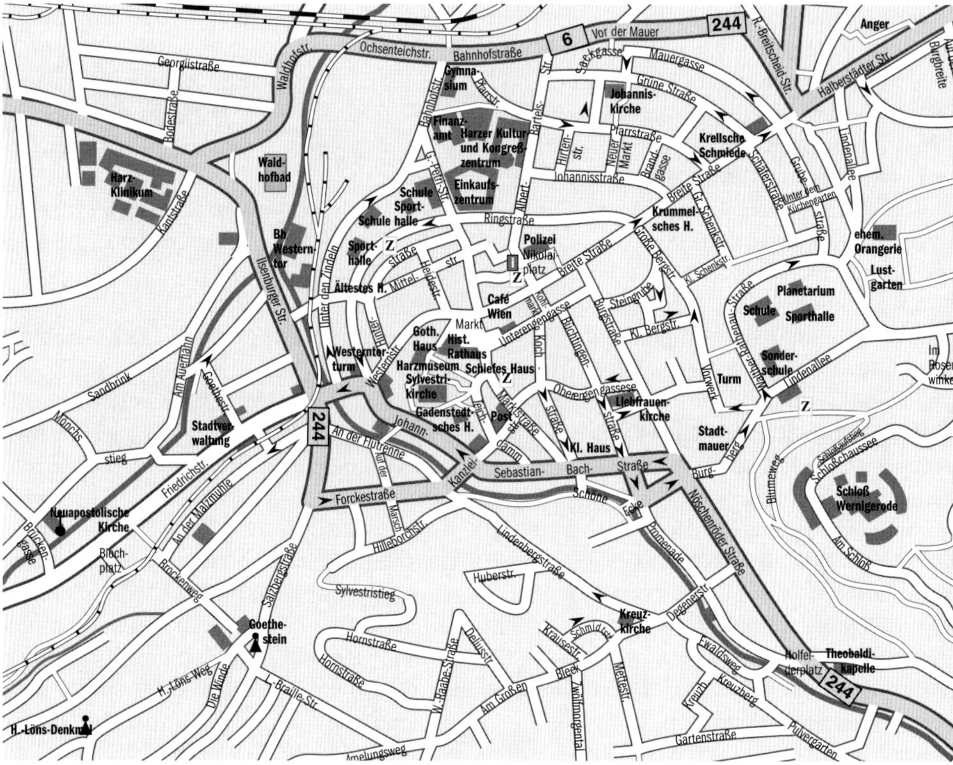

Innenstadtplan Wernigerode

riert. Einer erneuten Schönheitskur unterzog sich der Brunnen im Jahr 2001. Seine Wappenschilder am oberen Becken verweisen auf Namen von Adligen, während am mittleren Becken Bürger geehrt werden, so Oberst Gustav Petri (1888-1945), der als Stadtkommandant kurz vor Ende des II. Weltkrieges den Befehl zur Verteidigung Wernigerodes verweigert hatte und dafür standrechtlich erschossen wurde.

St. Johannis

Die älteste Kirche der Stadt mit romanischen und gotischen Bauelementen steht in der Pfarrstraße. Zwischen 1265 und 1279 außerhalb der damaligen Stadtmauern erbaut, diente die Kirche vor allem den Bewohnern der Neustadt. Prunkstück der Ausstattung ist der reichgeschnitzte, doppelt klappbare Altar (Anfang 15. Jahrhundert). Außerdem sind ein Kruzifix (um 1500) und ein achteckiger, gotisch profilierter Taufstein mit Luther-Porträt bemerkenswert. Die Statue des Täufers Johannes über dem Haupteingang ist eine Nachbildung des 500 Jahre alten Original, das heute innen die südliche Chorwand schmückt.

St.-Sylvestri-Kirche

Die Pfarrkirche St. Georg, 1230 als solche von der Liebfrauenkirche abgelöst, wurde von den Wernigeröder Grafen 1265 zum

Benediktiner-Chorherrenstift St. Sylvester erhoben. Mit dieser Umwandlung erfolgten erste Umbauten der ursprünglich kreuzförmigen Basilika. Die größten Veränderungen erfuhr die Kirche jedoch ab 1880, bei dem die breite Doppelturmfront im Westen dem neugotischen Turm weichen mußte. Im Inneren dominiert die barocke Ausstattung.

Liebfrauenkirche

Der romanische Bau in der Burgstraße brannte 1751 bis auf die Grundmauern nieder. Nach Plänen des gräflichen Baumeisters Heintzmann entstand zwischen 1756 und 1762 eine neue Kirche gleichen Namens an gleicher Stelle. Erst 1840 legte man den Grundstein für einen Turm als Westeingang. Dieser drohte jedoch bald einzustürzen und wurde deshalb 1888 abgerissen. Der zweite Versuch neugotischen Stils überragt noch heute alles rings um ihn Stehende. 1992 wurde der Bau, vom Bund gefördert, grundlegend restauriert und modernisiert.

Café Wien (Breite Straße 4)

Die geschnitzte Zahl 1583 auf der Saumschwelle des Fachwerkobergeschosses verweist auf das Baujahr des Hauses, das u.a. einem Putzwarenhändler, einem Fleischer und ab 1897 dem Bäcker und Konditor Wilhelm Hauer gehörte. Dieser begründete die Kaffeehaus-Ära des Gebäudes. Hans Siegemund übernahm 1938 die Geschicke des Hauses. Zu DDR-Zeiten zur volkseigenen Handelsorganisation (HO) gehörend, die den Namen "Café Wien" einführte, bewirtschaftet seit 1990 wieder die Familie Siegemund privat das Café.

Krummelsches Haus

Das Haus in der Breiten Straße 72 verbirgt seine Fachwerkkonstruktion hinter einer lükkenlos in Holz geschnitzten Fassade. Der Kornhändler Heinrich Krummel ließ sich 1674 dieses Haus bauen. Zu den zahlreichen Reliefs gehören beispielsweise "Africa" (Frau auf einem Gürteltier) und "Der Menschen Sterblichkeit" (Knabe mit Sanduhr und Totenschädel). Nach umfassender Restaurierung 1998/99 präsentiert sich die Holzfassade mit einem bei Einheimischen und Besuchern der Stadt sehr umstrittenen beige-braunen Farbanstrich.

Gadenstedtsches Haus

Das am Oberpfarrkirchhof 1582 errichtete Haus diente dem ehemaligen gräflichen Hauptmann Dietrich von Gadenstedt als Wohnhaus. Es fällt vor allem durch seinen weit vorkragenden Erker im Stil der Hochrenaissance auf.

Schiefes Haus

Das schiefe Fachwerkhaus in der Klintgasse wurde ursprünglich gerade als Teichmühle errichtet. Die Fluten des damals noch hier entlangführenden Mühlgrabens umspülten die Grundmauern des Hauses, so daß sich dessen Ostfassade langsam absenkte, bis sie auf festes Felsgestein stieß.

Kleinstes Haus

Am oberen Ende der Marktstraße an der Mündung zur Kochstraße steht das kleinste Haus der Stadt. Das zwei kleine Fenster breite Gebäude füllte kurz nach 1800 eine Lücke zwischen zwei Gebäuden. Noch bis 1976 wohnte hier eine Frau, der ein Flur, ein Abstellraum, ein kleines Zimmer und eine noch kleinere Dachkammer zur Verfügung standen. Das Haus kann besichtigt werden.

Freizeit

Wernigerode besitzt ein neues Kultur- und Kongreßzentrum, in dem Veranstaltungen unterschiedlichster Genres stattfinden, sowie eine Kunstgalerie. Für sportliche Aktivitäten stehen u.a. Skisprungschanzen, Skilifte, Schwimm- und Tennishalle bereit.

Wildemann

Umgeben von Wiesenhängen und Fichtenwäldern liegt Wildemann im Tal der Innerste und des Grumbachs 380 bis 450 m ü. NN. *Da vor allem in der Gegend um Wildemann sehr früh äußerst ergiebige Erzadern geschürft wurden, läßt sich schon um 1200 eine Ansiedlung dort vermuten. Die Sage vom Wilden Mann weiß von Bergleuten zu berichten, die sich in dieser Gegend angesiedelt und erfolglos nach Erzen gesucht hatten. Im Schlamm des Innersteflußbettes fanden sie eines Tages übergroße menschliche Fußspuren. Als sie neugierig der Fährte nachgingen, entdeckten sie schließlich einen Mann und eine Frau, die beide erstaunlich groß waren. Der bärtige Mann trug als Waffe eine mit Wurzeln aus der Erde gerissene Tanne in der Hand. Nach mehreren mißglückten Versuchen gelang es den Bergleuten, den Wilden Mann zu überwältigen. Da der Gefangene weder essen, trinken noch arbeiten wollte und stattdessen immer in die Richtung seiner Höhle schaute, schickte man ihn per großem Wagenkonvoi nach Braunschweig, um den Herzog über ihn entscheiden zu lassen. Der Riese starb jedoch unterwegs. Noch am selben Tag fand man in der Höhle der beiden Wilden die erste Erzader. Die Bergleute glaubten, der Wilde Mann habe bis dahin die Gänge taub gemacht. Trotzdem benannten sie die erste Grube nach ihm.*

Noch heute steht vor dem Hotel "Rathaus" die Linde, die die Bergleute an der Stelle pflanzten, an der sie den wilden Mann gefangennahmen, obgleich eine Tafel dort besagt, daß der bärtige Wilde den Baum im Handgemenge mit den Bergleuten mit einem Schlag in die Erde gerammt haben soll. Die allerersten Gruben waren nur sehr klein und bis zu 20 Meter tief. Die Bergleute arbeiteten ohne technische Hilfsmittel. Die Pest 1347 entvölkerte das Gebiet um Wildemann, das erst 1529 neu besiedelt wurde. Vier Jahre zuvor war der Bergbau wieder in Gang gekommen, nicht zuletzt durch die auch Wildemann zugesprochenen Bergfreiheiten. 1534 wurde der Ort zur "Freien Bergstadt" erklärt. Nach 1700 stellten die meisten Gruben im Wildemanner Revier ihren Betrieb ein.

Ein letzter verzweifelter Versuch, aus der Gegend im bergmännischen Sinne etwas herauszuholen, begann 1924 mit dem Abteufen des "Glück-Auf-Schachtes", in den aber 1928 Wasser einbrach und die Bergbau-Ära endgültig beendete.

19-Lachter-Stollen

Der riesige Wasserlösungsstollen ist einer der wichtigsten historischen Bergbauanlagen im Oberharz. Seine Aufgabe bestand darin, das Grundwasser aus höher gelegenen Gruben abzuleiten und damit die Möglichkeit zu schaffen, viele andere Gruben zu betreiben. Der Stollen ist 36 Meter hoch (19 Lachter) und 8800 Meter lang. Damit zieht er sich unterirdisch bis weit hinter Clausthal-Zellerfeld. Der Stollen entstand lediglich mit Schlägel und Eisen von 1551 bis 1690 und war bis 1924 in Betrieb.

Die Besucher können etwa 370 Meter Stollen erkunden, wo sie beispielsweise eine alte Radstube, einen Blindschacht und die elektrische Fördermaschine sehen.

Freizeit

Der Ort besitzt u. a. Kurmittelhaus, Kurpark mit Konzertgarten, Kneippwassertretstellen und 20 Kilometer Kurübungswege.

Links: Sylvestrikirche und Schloß Wernigerode

Tourist-Informationen

38707 Altenau
Kurbetriebsgesellschaft
“Die Oberharzer” mbH
Hüttenstraße 9
☎ (05328) 8 02 22
Fax (05328) 8 02 38
38889 Altenbrak
Kurverwaltung
Sankt Ritter 32 a
☎ (039456) 205
Fax (039456) 5 05 50
37539 Bad Grund
Bad Grund Information
Harz-Incoming
Elisabethstraße 1
☎ (05327) 70 07 10
Fax (05327) 70 07 77
38667 Bad Harzburg
Kur- u. Wirtschaftsbetriebe
d. Stadt Bad Harzburg GmbH
Herzog-Wilhelm-Straße 86
☎ (05322) 7 53 30
Fax (05322) 7 53 29
37431 Bad Lauterberg
Kur- und Touristikbetrieb
Ritscherstraße 4
☎ (05524) 92 04-0
Fax (05524) 55 06
37441 Bad Sachsa
Kurbetrieb Bad Sachsa
Am Kurpark 6
☎ (05523) 30 09-0
Fax (05523) 30 09 49
06493 Ballenstedt
Tourist-Information
Allee 37
☎ / Fax (039483) 263
38889 Blankenburg
Kurverwaltung
Lange Straße 17
☎ (03944) 28 98
Fax (03944) 6 31 02
38700 Braunlage
Kurbetrieb Braunlage GmbH
Elbingeröder Straße 17
☎ (05520) 93 07-0
Fax (05520) 93 07 20
Burg Falkenstein
06543 Pansfelde
☎ (034743) 81 35
Fax (034743) 6 19 42
38678 Clausthal-Zellerfeld
Tourist-Information
Bahnhofstraße 5 a
☎ (05323) 8 10 24
Fax (05323) 8 39 62
38875 Elbingerode
Fremdenverkehrsamt
“Bodfeld”
Markt 3
☎ (039454) 4 52 81
Fax (039454) 4 52 83
38875 Elend
Kurverwaltung
Hauptstraße 19
☎ / Fax (039455) 375
06507 Gernrode
Stadtinformation
Suderoder Straße
☎ / Fax (039485) 354
38640 Goslar
Kur- u. Fremdenverkehrsges.
Goslar-Hahnenklee mbH
Markt 7
☎ (05321) 78 06-0
Fax (05321) 78 06 44
38644 Hahnenklee
Kur-u. Fremdenverkehrsges.
Goslar-Hahnenklee mbH
Kurhausweg 7
☎ (05325) 51 04-0
Fax (05325) 51 04 20
Harzer Schmalspurbahnen GmbH
Friedrichstraße 151
38855 Wernigerode
☎ (03943) 558143 / 558147
Fax (03943) 55 81 48
Harzer Verkehrsverband
Marktstraße 45
38640 Goslar
☎ (05321) 34 04-0
Fax (05321) 34 04 66
06493 Harzgerode
Stadtinformation
Markt 7
☎ / Fax (039484) 23 24 oder 3 24 21
38899 Hasselfelde
Kurverwaltung und Tourist-Information
Lindenstraße 3a
☎ (039459) 7 13 69
Fax (039459) 7 60 55
37412 Herzberg
Tourist- und Kulturinformation
Marktplatz 30/32
☎ (05521) 85 21 11
Fax (05521) 85 21 20
38700 Hohegeiß
Tourist-Information
Kirchstraße 15 a
☎ (05583) 241
Fax (05583) 12 35
99768 Ilfeld
Südharztouristik e. V.

Neanderplatz 6 a
☎ (036331) 3 20 33
Fax (036331) 3 20 35
38871 Ilsenburg
Tourismus GmbH
Marktplatz 1
☎ (039452) 19 433
Fax (039452) 9 90 67
38685 Lautenthal
Tourist INFO
Kaspar-Bitter-Straße 7b
☎ (05325) 44 44
Fax (05325) 69 17
99734 Nordhausen
Tourismus-Informationszentrum
Bahnhofsplatz 3 a
☎ (03631) 90 21 54
Fax (03631) 90 21 53
37520 Osterode
Tourist-Information
Dörgestraße 40
☎ (05522) 9 09 48 14
Fax (05522) 7 54 91
06484 Quedlinburg
Quedlinburg-Tourismus-Marketing GmbH
Markt 2
☎ (03946) 905 620 bis 628
Fax (03946) 905 629
38879 Schierke
Kurbetrieb Schierke am Brocken
Brockenstraße 10
☎ (039455) 310
Fax (039455) 403
38707 Schulenberg
Tourist-Information
Wiesenbergstraße 16
☎ (05329) 848
Fax (05329 849
37444 St. Andreasberg
Kurverwaltung
Am Glockenberg 12
☎ (05582) 8 03 36
Fax (05582) 8 03 39
38899 Stiege
Tourist-Information
Lange Straße 10
☎ / Fax (039459) 7 12 29
06547 Stolberg
Tourist-Information
Markt 2
☎ (034654) 454
Fax (034654) 729
06493 Straßberg
Tourist-Information
Hauptstraße 20
☎ (039489) 201
38875 Tanne
Kurverwaltung
Schulstraße 2
☎ (039457) 32 26
Fax (039457) 32 98
06502 Thale
Tourist-Information
Rathausstraße 1
☎ / Fax (03947) 2597 u. 2277
38889 Trautenstein
Kurverwaltung
Schützenstraße 11
☎ (039459) 7 19 23
38889 Treseburg
Kurverwaltung
Ortsstraße 24
☎ / Fax (039456) 223
37445 Walkenried
"Die drei Südharzer"
Walkenried • Wieda • Zorge
Touristik GmbH
Pfarrplatz 4
☎ (05525) 357
Fax (05525) 99 98 19
38855 Wernigerode
Wernigerode Tourismus GmbH
Nikolaiplatz 1
☎ (03943) 63 30 35
Fax (03943) 63 20 40
38709 Wildemann
Tourist-Information
Bohlweg 5
☎ (05323) 61 11
Fax (05323) 61 12

Inhalt